致 父 亲

[奥地利] 弗兰茨·卡夫卡 著 叶廷芳 黎奇 译

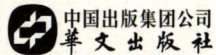

图书在版编目（CIP）数据

致父亲 /（奥）弗兰茨·卡夫卡著；叶廷芳，黎奇译.
-- 北京：华文出版社，2017.1
ISBN 978-7-5075-4647-7

Ⅰ. ①致… Ⅱ. ①弗… ②叶… ③黎… Ⅲ. ①家庭教育 Ⅳ. ①G78

中国版本图书馆CIP数据核字（2017）第004581号

致父亲

作　　者：	（奥）弗兰茨·卡夫卡
译　　者：	叶廷芳　黎　奇
责任编辑：	胡慧华
出版发行：	华文出版社
社　　址：	北京市西城区广外大街305号8区2号楼
邮政编码：	100055
网　　址：	http://www.hwcbs.com.cn
电　　话：	总编室 010-58336239　发行部 010-58336202　58336267
	责任编辑 010-58336197
经　　销：	新华书店
印　　刷：	北京富泰印务有限公司
开　　本：	880×1230　1/32
印　　张：	4.5
字　　数：	75千字
版　　次：	2017年6月第1版
印　　次：	2017年6月第1次印刷
标准书号：	ISBN 978-7-5075-4647-7
定　　价：	25.00元

版权所有　侵权必究

目 录

编者按……………………………………………… 001

致父亲……………………………………………… 001
他…………………………………………………… 069
布雷齐亚观飞记…………………………………… 077
魏玛之行…………………………………………… 092

附　录　卡夫卡生平及创作大事年表 ………… 127

编者按

　　这是卡夫卡于1919年11月写给父亲的一封超级长信，实际上是一篇关于社会学、伦理学、儿童心理学、教育学、和文学的政论文，一篇向过时了的资产阶级的价值观念和意识形态宣战的檄文。其观点鲜明，文笔犀利，具有很高的思想和文学价值，特此全文刊出。卡夫卡曾托母亲转交此信，但母亲阅读后唯恐得罪父亲，故退还给了他。实际上卡夫卡写这封信的目的并不是为了给父亲看的，而是为了留下一篇时代的文献。

　　兴盛于1910—1920年间的德意志文化圈的表现主义运动有一股批判"父辈文化"的思潮。卡夫卡的这封长信也可视为这一思潮的反映。

鉴于全书篇幅考虑，除《致父亲》外，本书还收录了卡夫卡三个有名的短文《他》《布雷齐亚观飞记》《魏玛之行》，以更好地阅读卡夫卡的文笔和思想。

致父亲

最亲爱的父亲：

你最近曾问过我，为什么我声称我在你面前感到畏惧。像以往一样，我不知道该怎么回答你，这一部分正是出于我对你的畏惧，一部分则是因为要说明这种畏惧的根源牵涉到非常多的细节，在谈起它们时我只能把握一半左右。假如我试图在此书面回答你，答案将是很不完整的，因为在写下来时这种畏惧及其后果也会使我在你面前障碍重重，因为素材之大已远远超出了我的记忆和理解力。

在你的眼里事情总是显得非常简单，至少你在我面前和不加区别地在其他很多人面前是这么说的。你大体上觉得是这样的：你一辈子艰苦工作，为你的孩子们，首先是为我牺牲了一切，结果我得以过上"花天酒地的"生活，有充分的自由可以选择学习专业,丝毫不必为吃饭问题担忧,也就是根本无须有任何忧虑;你并不为此要求我们感恩,你是知道"孩子们的感恩心情"的,但我们至少得做出某种迎合姿态,一种同情的信号;我不是这样,反而从来就躲着你,躲进我的房间,躲在书本里,躲在疯疯癫癫的朋友们那儿,躲在偏激的思想中;我从来没有同你坦率地交谈过,我没有去教堂站到你的身边去,在弗兰岑斯巴德我从来没有去看过你,除此之外,也从来没有家庭观念,对商店和你的其他事情漠不关心,我把工厂套在你的脖子上,然后扬长而去,对奥特拉我支持她的固执,我从不为你哪怕动一下小指头(甚至从来没给过你一张戏票),却为了朋友什么都干。如果你把你对我的评价加以归纳,就会显示出,显然你没有指责我下流或恶毒(也许我最近这次结婚意图是个例外)[1],但分明在说我冷淡形同陌路,忘恩负义。你这样责备我,好像那是我的责任,好像我只要转一下方向盘就可以使一切都改观似的,而你对此连一点责任都没有,要有就只有一点,也就是你对我太好了。你这类习以为常的描述只在一点上我认为是对的,那就是,我也相信,

---

[1] 这一年(1919年)卡夫卡曾和一位名叫尤利叶·沃里切克的姑娘热恋过一阵,同年秋天卡夫卡打算与她结婚,但因女方出身低微遭到父亲的激烈反对,终于告吹。

你对我们之间的隔阂是完全没有责任的。但我也同样是完全没有责任的。如果我能说服你承认这一点,那么虽然不可能会产生一种新的生活,对此我们俩都已经是太老太老了,但可能会出现一种和平,不会终止你的没完没了的指责,但会使之温和下来。

奇怪的是,你好像多少预感到了我想要说些什么。比如你在不久前对我说过:"我一直是喜欢你的,虽然表面上我对你的态度不像其他父亲习惯做的那样,但这正是因为我不像其他父亲那样会装腔作势。"啊,父亲,整个说来,我从来没有怀疑过你对我的善意,可是我认为你这个说法是不对的。你不会装腔作势,这是对的,但从这个理由出发断言其他父亲装腔作势,那么这不是赤裸裸的、无须进一步讨论的自以为是,就是(依我看真是这么回事)一种隐蔽的表达,认为我们之间总有什么不正常,而你参与了这种情况的造成,但却是没有责任的。如果你真是这么认为的,那么我们的看法就是一致的了。

我当然不是说,我仅仅是在你的影响下才变成现在这样的。这么说就太夸大其词了(而我甚至很喜欢这种夸大其词)。非常可能,即使我是在一点都不受你影响的情况下长大的,我兴许也不会成为你所希望的那种人。那样我可能会成为一个性格懦弱的、谨小慎微的、犹疑不决的、内心不安的人,既不是罗伯特·卡夫卡,也不是卡尔·赫尔曼,但总之是同我现在这样完全不同的一个人,我们可能会相处得非常好。如果有你作为我的朋友、头头、叔叔、祖父,甚至(尽管那样我会更加犹豫呢)作为我的岳父,我都会很高兴的。但正是作为父亲,你对于我来说是太强大了,尤其因为我的哥哥们很早就死了,而妹妹们隔了很久才来到人世,我不得不一个人承受第一次冲击,对此我的力量是太弱了。

比较下我们俩:用非常简短的话说,我是一个带有一定的卡夫卡根系上的略韦①,推动我的不是卡夫卡家族的生活意志、经商意志、占领意志,而是略韦家族的马刺,它显得比较神秘、羞怯,促使我跑向别的方向,甚至经常停止对我的戳刺。而你却是个真正的卡夫卡,强壮、健康、胃口好,有支配力,能说会道,自满自足,有优越感,有韧性,沉着果断,有鉴别人的能力,有一定的慷慨大度,但也带着与这些优点共生的所有缺点和弱点,有时你的情绪起落,有时你的突然暴怒使你的弱点立即暴露出来。就你的世界

---

① 卡夫卡的母亲原姓略韦。母亲是富有的、有知识的家族,而父亲是贫穷的劳动家族。

观而言，你也许并不是个百分之百的卡夫卡，把你同菲利浦叔叔、路德维希叔叔、亨利希叔叔相比就能看出这一点。这是个奇怪的现象，我在这里也并不能看得很清楚。他们全都比你更快乐，更精神饱满，更无拘无束，更逍遥自在，而不像你这么严肃（在这一点上我受到了许多你的遗传，而把这种遗传因素管理得太好了，不过我的本质中却没有你所具有的那些平衡力量）。但是另一方面，你也经历了各个不同的时期，在你的孩子们，尤其是我，给你带来失望之前，在家庭空气因而给你带来压抑之前（如果有外人来，你就表现得不一样了），你也许曾经是比较愉快的。而现在你也许又愉快些了，因为孙儿孙女们和女婿又把你的孩子们（也许瓦莉除外）所不能给予你的那种温暖给予了你。无论如何，我们是那么不一样，这种不一样又使我们互相间都对对方那么危险，以致如果人们能够事先估计到我这个慢慢长大的孩子和你这个成人之间将怎么相处，就会想，你会一脚把我踩到地底下去，使我一点都不能露出地面的。这种事没有发生，生动活泼的东西会怎么样是难以估计的，但也许事情更糟糕。而我不断地请求你别忘了我从来就没有一丝一毫认为你有什么过错。你就这样影响着我，就像你必然会做的那样，不过你应该停止认为这种影响毁了我是我的恶意的表现。

我曾是个腼腆的孩子；但我当然也像其他孩子一样是执拗的；当然母亲也很宠我，但我不能相信，我是特别难以驾驭的；我不相信，一句亲切的话，一次默默地握手，一道善意的目光竟不能使我顺从人们对我的一切要求。而你其实是个善良的、心肠软的人（下面的话并不能否认这一点，我将谈到的仅仅是你对孩子施加影响的现象），但并不是每一个孩子都有韧性和毅力，去长时间地寻找，直到找到善意所在。你只会像对你自己那样对待孩子，用力量、咆哮和暴怒，而你也觉得这种方法很适用，因为你想要把我造就成一个强有力的、勇敢的小伙子。

最初那些年月你的教育方法我今天当然不可能凭直接经验加以描述，但可以从后面那些年经历的反思中和你对待菲莉克斯①的方法中想象得出。现在我们越来越清楚地看到，你那时比今天年轻，因而比今天更精力充沛，更具野性，更纯朴，更无所顾忌，而且你完全被商店业务拴住了，一天到晚几乎就不在我面前露面，因此你给我的印象反而更强烈，这种印象几乎从未平淡下来，化习惯为自然。

最初几年我记住的只有一件事。你可能也还记得。有

---

① 卡夫卡的大妹妹艾莉的儿子。

一天夜里我不停地要水喝，不过不是出于渴，而可能一部分是为了惹恼你，一部分是为了寻乐。在一些强烈的威胁不生效后，你把我从床上拽起来，抱到阳台上去，关紧了门，让我独自一人穿着衬衣在那儿站了一阵子。我不想说这是不正确的做法，也许当时除了这样没有办法使夜间的安静得到恢复。但我想要以此说明你的教育方法及其对我的影响的特点。自那以后，我当然是听话了，但这事却给我造成了一种内心的伤害。以我的天性，我根本无法把我认为很自然的那次荒唐的要水的哭闹同极其可怕的被抱出去这件事联系在一起。许多年后我还经常惊恐地想象这么个场面：那个巨大的人，我的父亲，审判我的最后法庭，会几乎毫无理由地向我走来，在夜里把我从床上抱到阳台上去，而我在他眼里就是这样无足轻重。

当时这件事还只是个小小的开端，但这种经常笼罩在我心头的无足轻重的感觉（**从另一个角度看这当然也是一种高尚的、有益的感觉**）在很大程度上是从你的影响中产生的。我需要一点儿鼓舞，一点儿亲昵，一点儿走自己路的自由，但你却拧歪了我的道路，当然是出于好意，希望我走另一条道路。可是我却没有去走那另一条路。比如，当我一本正经地敬礼并行军式地走路时，你就鼓励我，但我并不是未来的士兵；或者当我大口大口地吃饭时，或甚至还能喝一喝啤酒时，或唱起并不理解的歌时，或模仿你习惯的讲话腔调时，你总是鼓励我，但这一切都与我们未来无关。很能说明问题的是，直到现在你也只有在你自己对事情本身也产生热情时，只有当事情关系到你的自我感觉，而这感觉受到我的伤害（比如通过我的结婚意图）或者在我身上受到伤害（比如当培帕①辱骂我）时，你才会鼓励我去干什么事情。这时你勉励我，把我的价值告诉我，指出我肩负的重任，把培帕批得一无是处。且不论以我现在的年龄鼓舞已经对我起不了作用，而是在不是主要牵涉到我的事情上对我进行鼓舞，于我又有什么帮助呢？

当时那样做就好了，当时我倒是很需要鼓励的，而且是无处不需要。仅仅你的体魄那时就已经压倒了我。比如我常想起我们常在一个更衣室里脱衣服的光景。我又瘦，又弱，又细；你又壮，又高，又宽。在更衣室里我已经自惭形秽，而且不仅是对你，而且对全世界，因为你在我眼里是衡量一切的标准。然后我们走出更衣室，去人们面前亮相，我牵着你的手，作为一副小小的骨头架，光着脚站在木板上站都站不稳，怕水，又没有能力模仿你的游泳动作。你

---

① 培帕，卡夫卡的一个亲戚。

出于好意，但真的使我深深羞愧地不断做给我看。那时我绝望极了，而我在所有方面的坏的经验在这样的时刻出色地合成了交响乐。我觉得最舒服的时候是，有时你自己先脱了衣服，我得以一个人留在更衣室里，尽可能拖延到公众面前去献丑的时间；直到你最后亲自来看看是这么回事，并把我赶出更衣室。我为你似乎没有觉察我的困境而感激你，而且我也为我父亲的体格感到自豪。直到今天，我们俩之间仍然存在着类似的差别。

  与这个差别相适应的还有你精神上的统治权威。你以自己的力量单枪匹马奋斗到这么高的位置，因此你对自己的见解抱有无限的信任。这一点对童年时代的我还不像后来对正成为成人的年轻的我那样耀眼炫目。你坐在靠背椅上统治着世界。你的见解是正确的，其他任何见解都是发病的、偏激的、癫狂的、不正常的。你的自信之强，使得你的思想根本不必前后一贯，也照样永远是正确的。还可能出现这种情况：你对一件事根本就没有观点，这就导致对这件事可能产生的任何观点统统都是错误的。比如你可以骂捷克人，然后骂德国人，然后骂犹太人，而且不是有所选择，而是什么都包括在内，到最后除了你以外没有一个人未被骂到。你在我心中产生了一种神秘的现象，这是所有暴君共有的现象：他们的权力不是建立在思想上，而是建立在他们的人身上。至少我觉得是这样。

但你在我面前显得常常是有理的，真是令人吃惊，在谈话中自不待言，因为我们几乎就不谈什么话，而在现实中竟也是这样。但这并不是什么特别不可理解的事情：我的一切思想都处在你的压力之下，那些与你的思想不一致的思想同样如此，而且尤其突出。所有这些似乎与你无关的思想从一开始就带上了等待你即将说出的判断的负担；要想忍受住这个负担，直到完整地、持续地形成这种思想几乎是不可能的。我这里说的不是那些高层次的思想，而是童年时代任何小的举动。只要是对任何一件事感到高兴，心里只想着它，兴冲冲地回到家里，把这事说出来，回答就会是一声嘲讽的叹息，一个摇头的表示，一个手指敲桌子的动作："世面我见得多呢"或"你最好把你的烦恼告诉我"或"我的脑袋可不是这么给脸的"或"这对你有什么用！"或"这也算回事吗？！"当然，你在烦忧和辛劳中生活着，自然不能要求你对小孩子的每件小事都抱以满腔热情。问题也并不在这里。问题的症结是：出于你那与孩子截然相反的天性，你始终如一地给孩子带来这种失望，再加上这种天性的对立通过物质的堆积不断加强，以致最后甚至在你偶然同我的看法一致时，这种对立仍然带着习惯的惯性继续发挥威力，以致孩子的失望最终已不再是寻常生活中的失望，而由于它是由你那决定一切的自身造成的，触及到了核心。勇气、决心、信心和对这对那的愉快都不能坚持到底，只要你表示反对，或只要能够估计到你可能会反对，一切便都告吹；而我做任何事情时几乎都能够估计到你可能会反对的。

无论牵涉到思想或人都是如此。只需我对一个人有一点兴趣（就我的天性而言，这种情况并不多）你就会毫不考虑我的感情、毫不尊重我的评价地对这个人破口大骂、诬蔑、丑化。比如像伊地语演员略韦这样的天真无辜的人就遭到这样的命运。你还从未见过他，就用一种可怕的方式（我已忘了是何种方式）把他同虫相比。你还经常在谈到我所喜欢的一些人时，脱口而出地用上那个关于狗和跳蚤的谚语①。关于那位演员我记得特别清楚，因为我曾经用自己的话把你对他的说法记录下来："我的父亲这样说我的朋友（他根本就不认识他），只是因为他是我的朋友。当他指责我缺乏孩子的爱和感恩之情时，我完全可以据此加以反驳。"我始终觉得不可理解的是，你对你的话和论断会

---

① 这句谚语是："和狗一起睡觉的人总是满身跳蚤。"——原注

给我带来多大的痛苦和耻辱怎么竟会毫无感觉,好像你对你的威力竟是一无所知似的。我的话当然也经常会伤害你,但我总是会意识到的,它使我痛苦,可我就是控制不住自己,没法不说出来,说的时候我就已经后悔不迭。但你却是毫无顾忌地把你的话抛出去,你什么人都不怜惜,说出时不怜惜;过后也不,人们在你面前可以说是完全失去了防卫能力。

可是这就是你的全部教育方法。我相信,你有一种教育天才;你的教育对一个像你这种类型的人很可能会是有效的;他会看得出你对他说的话中的理智所在,从而对其中别的因素不必关心,安安静静地照此行事就是了。但对于我这个孩子,你对我吼叫的一切都不啻是天谕神示,我绝不会忘记它,它成了我判断世界的最重要方法,尤其是判断你自己的最重要方法。你在我身上可以说是完全失败了。我童年时主要在吃饭时同你在一起,所以你给我上的课一大半是关于吃饭时的行为的课。凡是端上桌子的东西,都必须吃光,对伙食的好坏不可以说三道四——可你自己经常认为菜没法吃;称之为"饲料",说那头"牲口"(指女厨师)把它给弄坏了。因为你不是由于特别饿就是由于特别喜爱某个菜而不管烫不烫,总是迅速地、大口大口地吃个精光，所以孩子也必须快吃，饭桌旁笼罩着阴沉沉的寂静，只有一些训诫不时打破这种寂静。"吃完再说话"，或"快一点，快一点，快一点"，或"你看，我早就吃完了"骨头不可以咬碎，你却可以。醋不可以咽下去，你却可以。关键要把面包切好切齐；但你拿着一把滴着汤汁的刀来切却无所谓。必须当心别让残食落在地上，但你的脚底下却落得最多。坐在饭桌旁只可以一门心思地吃饭，但你却修剪指甲，削铅笔，用牙签挖耳朵。父亲，请别误解我的意思，这些本来都是完全微不足道的小事，只是由于这个对我来说具有极大权威的人自己并不遵守他给我规定的条条，这些小事才给我造成心理阴影。这么一来，世界在我眼中就分成了三个部分，一个部分是我这个奴隶居住的，我必须服从仅仅为我制订的法律，但我又（*我不知原因何在*）从来不能完全符合这些法律的要求；然后是第二个世界，它离我的世界极其遥远，那是你居住的世界，你忙于统治、发布命令，对不执行命令的情况大发雷霆；最后是第三个世界，其他所有的人全都幸福地、不受命令和服从制约地生活在那里。我永远蒙受着耻辱，或者我执行你的命令，这是耻辱，因为它们只对我起作用；或者我不服从，这也是耻辱，因为我怎么可以不服从你呢？或者我无法执行，因为我比如说不具备你的力量、你的胃口、你的技巧,尽管你是把这作为毫无问题的事向我提出的;这无疑是最大的耻辱。以这种方式活动着的不是孩子的想法,而是孩子的感觉。

假如我把我当时的处境同菲利克斯的处境加以比较,情况也许就更清楚些了。你对待他的态度同对我的态度是相似的,甚至对他用了一种特别可怕的教育方法,如果他在吃饭时在你看来弄脏了什么,你就不光像那时对我说的那样,说:"你这个大蠢猪。"还要加上一句:"一个地地道道的赫尔曼。"或者"跟你父亲一模一样。"但这也许(**在此顶多只能说"也许"**)对菲利克斯确实没有多大伤害,因为对他来说你只不过是个特别重要的外祖父,但你对他并不具有你当时对我所具有的全部意义;再说菲利克斯的秉性是沉着的,现在已有些男子汉的气质,一个雷鸣般的吼声也许能使他吃惊,但不会长时间地抑制他的情绪,但更重要的是,他同你在一起的时间相对来说要少得多,他也受到其他影响,你对他来说不如说是个亲爱而又滑稽的人,他从你这里可以有所选择地接受。你对于我却不是滑稽的,我没有选择余地,必须照单全收。我也不可能表示任何不同意见,因为你从来就不可能对一件你不同意或仅仅不是由你的意思产生的事情平静地发表议论,你的发号施令的性格不允许你这么做。近年来你把这归咎于心情紧张,我不知道你是否有过什么时候不是这样的,顶多你是把心情紧张看成了一种更严厉地施行统治的手段了,因为统治的思想窒息了所有由其他想法产生的反驳论点。这话当然不是谴责,而只是确定一个事实。比如对奥特拉,你习惯这么说,"根本没办法跟她讲话,一开口她就冲着你暴跳如雷。"但事实上她根本就不会暴跳,你把事与人搞混了;是事情冲着你暴跳如雷,而你听都不听人家说什么,马上就对此事做出了决定;要是事后再向你解释,只会更激怒你,从来说服不了你。这时只能听到你这么说:"你想怎么干就怎么干好了;我随你的便;你算是长大了;我是不需要再对你说什么了。"而这些话是带着一种充满愤怒的、可怕的、沙哑的言外之意说出来的,而且还是百分之百的先入之见。我今天对这种言外之意的害怕之所以不像童年时代那样浑身发抖,是因为童年时那种绝对的负疚感已部分地被我们俩同样可怜的认识所取代。

　　由于不可能进行平心静气的交往,于是另一个其实很自然的后果产生了:我把讲话的本领荒疏了。不错,本来我也成不了伟大的演说家,但是正常的流畅的人类语言能力我总还是掌握得了的吧。你很早就禁止了我讲话,你那"不许顶嘴"的威胁和为此而抬起的手从来就一直陪伴着我。从你那里在牵涉到你的事情时，你是个出色的演说家，我得到的是一种断断续续、结结巴巴的讲话方式。但就是这样，你还是觉得过分了，最终我沉默不语了，首先是出于抗拒心理，再就是因为我在你面前既不能思想也不能讲话。由于你是我的真正教育者，这一点在我生活的所有方面都产生了广泛的影响。如果你认为我从来不服你，那真是个奇怪的误会。跟你所想的和指责我的不同的是，"总是一切相反"真的不是我在你面前所持的生活准则。恰恰相反：假如我对你不那么听话，你也许会对我满意得多。应该说，你的一切教育措施都不折不扣地得到了贯彻；我从未想过要逃出你的掌心；以现在的我而言（当然要撇开生活的基础及其对我的影响不谈），我是你的教育和我的服从的产物，但尽管如此，这么一个产物却使你深感不快，你甚至无意识地否认这是你的教育成果，原因是：你的手和我这块料互相之间形同陌路。你说："不许顶嘴！"是想压服我这儿令你不快的反对力量，但你这句话的力量对我来说却太强大了，我太听话了，于是我完全闭了嘴，蜷缩在你面前，而只有在我离你很远，在你的力量至少不再能直接达到的地方，我才敢动弹一下。可是你站在面前，于是一切在你看来都是"相反"的，而其实那些只不过是你的强大和我的孱弱的理所当然的结果罢了。

你在教育中运用的效果特别好的，至少在我身上从未失效过的语言手段是：斥骂、威胁、讥讽、冷笑，还有（这是奇怪的）自责。

我记不起你曾经直接用骂人的字眼骂过我。这也没有必要，你拥有那么多其他手段，再说在家里的谈话中，尤其在店里，你的骂人的字眼在我身边层出不穷，落在其他人头上，我这个小男孩有时几乎被它们震得麻木了，没有理由不把它们同我自己联系起来，因为你骂的那些人肯定不比我坏，而且你对他们的不满肯定并不超过对我的不满。这里你那谜一般的无辜和不可侵犯又显示了出来，你骂人时从来不会疑虑、踌躇，而你却谴责别人骂人的行为，并加以禁止。

你用威胁来加强斥骂的威力，这个对我也直接运用了。使我感到恐惧的比如有："我要把你像条鱼一样撕碎。"尽管我知道，事后并不真会出现那么可怕的事（童年时我当然并不知道这一点），但它几乎与我对你的巨大力量的想象相符，我认为你也确有能力这么做的。可怕的还有，你吼叫着围着桌子跑，做出要抓住谁的样子，很明显你并不想抓住他，但最后总是像那么回事地碰到他，而母亲则最终做出救他的样子。在孩子的眼里，生命由于你的慈悲才又一次得以存在，并作为无功受赏的你给的礼物而继续下去。这方面也包括因不听话而引起的威胁。假如我开始做一件你不喜欢的事，你就用失败来威胁我，由于对你的见解的敬畏是如此之甚，以至失败（即使也许在相当一段时间之后才会发生）成了无法遏止的事。我失去了做自己的事的自信。我动摇不定，疑惑不已。我年龄越大，你能够拿出证明我的无价值的材料也就越多；渐渐地，你在有些方面还真是说对了。我又要留神不能断言仅仅由于你我才变成这样的了；你只是强化已经存在的因素，但你强化得很厉害，因为你在我眼里是非常强大的，并为此而动用了一切力量。

你在教育中特别喜欢讥讽，它也最能表达你在我面前的优势。你的训诫常以这样的形式出现："你就不能想个别的法子这样干吗？这样你是不是认为已经做得太多了？""你当然是没有时间来做啰。"等等。每提出这么一个问题，总伴随着恶意的笑和恶意的表情。人们在还不知道做了件错事之前，在一定程度上就已经受到惩罚了。令人气愤的还有那些作为第三者对待的指责，也就是说连直接受到恶意的训话的资格都被取消了；比如你表面上对母亲讲话,但实际上是冲着坐在一旁的我来的,如:"这事当然不能要求儿子先生去做了。"等等。(这种话的后果是,有母亲在旁,我就不敢直接向你问话,后来习惯成自然,我连直接问你的念头都不会产生了。对于孩子来说,向坐在你旁边的母亲问你的情况,危险要小得多,比如问母亲:"父亲好吗?"这样就防止了任何答复可能会带来的震惊)当然,有时人家①会非常赞同最刻薄的讥讽的,也就是说,如果牵涉到的是别人,比如艾莉,我有好多年一直生她的气。当几乎每次吃饭都这么说时,对于我来说堪称是恶毒和幸灾乐祸的节庆:"那个胖姑娘喜欢坐在离桌子十米远的地方。"然后你生气地坐在你的椅子上,毫无喜悦或带感情色彩地、像个死敌般夸张地模仿她那不合你胃口的坐相。这种动作或类似的动作你经常重复,事实上你这么做能达到的目的非常之少。我认为原因是,对一件事无端动怒和生气与事情本身是格格不入的,人家不会感觉到,这种怒火是由于坐得离桌子太远这样的小事造成的,而是它早在这之前已经存在,程度也那么深,只不过偶然地把这件事当成了导火线,由于人家确信,无论如何总会出现一个导火

---

① 德语中第三人称"man"(人们、人等)这个代词有时也可以用于第一人称。所以这以下几个"人家"都指卡夫卡自己。

线的,人家便对事情的进展不十分在意,再说人家在不断地威胁之下脑子也变迟钝了;至于不会挨打,这一点人家渐渐放心了。人家变成了一个闷闷不乐的、精神涣散的、不听话的孩子,老是想逃跑,多半是一种内心的逃遁。你是这样地受着折磨,我们也这样地受着折磨。当你咬牙切齿地、带着咕噜咕噜的喉音笑着、第一次向孩子描述地狱景象时,你习惯于痛苦地说(最近收到一封来自康士坦丁堡的信时你也是这么说的):"那里是一个社会!"你的论点是完全正确的。

你的公开诉苦(这是经常发生的事)同你对你的孩子们的态度是很不相称的。我承认,我童年时(当然是稍大一些时)丝毫无法感受和理解,你怎么竟会需要别人的同情。你无论在哪个方面都是巨人,我们的同情或甚至帮助对你又有什么用处呢?你本来必然是蔑视这种同情或帮助的,就像蔑视我们一样。所以我不相信你的诉苦,总想找出潜在其后的某种秘密意图。后来我才懂得,孩子们确实给你带来了很多痛苦。但当时,这些诉苦如果换个地方就会得到一种纯真的、坦率的、毫无顾虑的、随时准备加以伸手援助的反应,但它们在我的心目中却只是再清楚不过的教育和压抑手段,它们本身并未强烈地显示出这种功能,但它们具有一种有害的副作用：孩子习惯于对恰恰应该认真对待的事情不能非常认真地对待。

所幸还有例外的时候，这多半是，当你默默无言地忍受着痛苦，用爱和善良的力量来战胜一切对立现象，并立即产生了感人的力量之时。这种时候是罕见的，但确实是美妙的。比如当我以前在炎夏正午时分饭后在店里看到你疲倦地打瞌睡时，你那胳膊肘支着台子的样子，或者当你星期天风风火火地赶到避暑地来看我们；或者当母亲一次重病时你紧紧抓住书橱，全身在抽泣中发抖；或者当我最近那次得病时，你蹑手蹑脚地走到奥特拉的房间来看我，站在门槛上，只探进脖子来，看看躺在床上的我，因怕打扰我而只用手势向我问候。在这种时刻，人们就会扑倒在床上，幸福得哭起来，而且现在写到这里也禁不住又哭了起来。你也有一种特别美的、但很罕见的微笑方式，这是一种静静的、满意的、赞许的微笑，它能使它的接受者深感幸福。我不记得童年时这种微笑是否曾赐予过我，但很可能有过这种事，因为你为什么要拒不给我这种微笑呢，我那时在你眼里是无辜的，并且是你的莫大的希望所在。再说从长远看这种亲切的印象只能造成这样的后果：我的负罪意识扩大了，世界在我眼中变得更不可理解了。

我宁可要那些真实的、持久的东西。为了在你面前显示我还是有点能力的，还有一部分是出于一种报复心理，我很快就开始对我在你身上发现的一些小小的可笑之处进行观察、搜集和夸张。比如你很容易被那些多半只是好像地位很高的人弄得眼花缭乱，并总是津津乐道着他们的事情如某个皇室顾问或类似的人物（另一方面，你，我的父亲，你竟认为你的价值需要这样一些毫无价值的证明，并以它们来炫耀自己，这类事情也是使我难过的）。或者我观察你对那些不正经的讲话方式的偏爱，你最喜欢大声地说出它们来，并为此开怀大笑，就像你说的是什么特别出色的言论似的，但实际上那只是些庸俗的、小小的不正经话（当然这同时又是你的生命力之令我自惭形秽的表达）。这类观察当然多的是，我为此感到愉快，这些观察给了我窃窃自语和寻求乐趣的机会，有时你发现了这一点，对此十分恼怒，认为这是恶毒、不尊重，但请相信我，这对于我只不过是一种自我维持的不中用的手段。这是些玩笑，就像是人们对天神和国王们所散播的那种玩笑，这种玩笑是含着最深的敬意的，这种敬意不仅使开玩笑的人深受约束，而且可以说这些人已成了这种敬意的一部分。

而且你同我对你的做法一样，也在寻找一种反击手段。

你经常指出,我的日子好得太过分了,我受到的待遇是怎么好。这是对的,但我不相信这一点在我过去的处境中给过我什么真正的帮助。

确实,母亲对我好得无以复加,可是这一切对我来说是同跟你的关系联系在一起的,这是一种不好的联系。母亲无意中扮演了狩猎中轰赶者的角色。一旦你的教育在某种未必真实的情况下使我产生了抗拒心理、反感甚至仇恨(这些因素本可迫使我自立的),母亲便以温柔体贴、谆谆劝诫(在童年的思想杂乱中她是理智的象征),说情把那些因素消弭于无形之中,于是我被赶回了你的圈子,而本来我也许可能会突破这个圈子的,这无论于你于我都有好处。或者就是这样:谅解无法达成,而母亲只是在你面前悄悄地保护着我,私下给我些东西,允许我做什么事,于是我在你面前又变成了怕见天日的东西,成了骗子、知罪者,由于自身的毫无价值,这个人连到他认为是他的权利范围的地方去,也要偷偷摸摸。当然我渐渐习惯于在这些偷偷摸摸行进的途中,也顺便寻找些即使在我看来也是我无权得到的东西。而这么做又扩大了我的负罪意识。

确实,你几乎从未真正地打过我。但是那种吼叫、你涨红的脸、那种迅速解下裤子背带、放在椅背上备用的动作在我眼里几乎比打更可怕,就好像是要把人吊起来似的。如果他真的被吊上绞架,他接着就死去了,从而一了百了。可是如果他不得不亲身经历上绞架的一切准备活动,直到套圈在面前晃动时才得知他被宽恕了,那么他将一辈子摆脱不了这个阴影。而且,那么多次我听到你明明白白地表明我应该挨打,但总是在最后关头由于你的仁慈而逃脱了这种命运,一种强烈的负罪意识自然越积越深。无论我从哪个方向走来,都进入欠你的罪咎之中。

你自来这样指责我(有时面对我一人,有时当着其他人的面,你对后一种场面的侮辱性压力毫无感觉,*你的孩子们的事从来是公开的事情*),说我由于你的劳作而得以在充满安宁、温暖、应有尽有的环境中生活。我还记得你的一些话,他们显然在我大脑中刻下了沟纹,如:"我七岁时就不得不推着小车走村串户了""我们大家挤在一个小房间里睡觉""有山芋吃我们就高兴死了""多少年我因为冬装单薄,腿上的伤口裸露在外面""我还很小的时候就不得不到皮谢克的商店里去做事了""家里没有给我任何东西,就连当兵时也不例外;可我还得寄钱回家""但尽管如此,尽管如此——父亲总归是我的父亲呀。今天有谁知道这一点!孩子们知道什么!谁都没受过这份罪!今天有哪个孩子懂得这些吗?"换一种环境,这些叙述满可以成为非常出色的教育手段,它们可以鼓舞孩子们,增强孩子们的信心和力量,去顶住父亲曾艰苦地经历过的同样的磨难和饥寒。但这根本不是你的本意,你努力的结果已使环境完全变了样,像你做过的那样,通过同样的方式来显示自己才干的机会已不复存在。只有通过暴力和剧变才会产生这样的机会,人们必须闯出家门才行(前提是:人们有这么干的决断意志和力量,而且母亲也不用其他手段横加阻挠)。但这一切绝非你之所愿,你把这种行为称为忘恩负义、偏激、不听话、背叛、发疯。你一方面用事例、叙述往事和揶揄来引诱人,另一方面却严厉地绝对禁止别人这么做,否则,比如说你(撇开一些次要情况不谈)对奥特拉的屈劳冒险①应是极其欣赏的。她想到农村去,你就是从那里来的;她想要经受劳动和贫困的考验,这些都是你经历过的;她不想享受你的劳动成果,你自己就是脱离了你父亲而孤身奋斗的。这是些那么可怕的意图吗?距离你这个榜样和你的教导就那么远吗?好吧,奥特拉的意图最终是失败了,也许变得有点好笑,搞得太兴师动众,她为她的父亲考虑得也不多。

---

① 屈劳是波希米亚的一个小镇,卡夫卡的小妹妹接受了一份在屈劳的田产,并在那里经营。卡夫卡曾一度住在那里养病。

但这难道完全是她的过错吗？这不也是环境的过错，尤其是你对她这般疏远的过错吗？她在商店里时（就像你后来说出来想让自己相信的那样）对你不像后来在屈劳时那么疏远吗？而且你难道没有力量（当然你必须首先说服你自己去这么做）通过鼓励、出谋划策和监督，也许甚至仅仅通过容忍，使这次冒险产生某种非常好的结果吗？

谈完这些经历之后，你总是习惯用酸涩的玩笑说我们的日子过得太好了，但这种玩笑从一定程度上看并非玩笑。你当时必须靠艰苦奋斗得来的东西，我们轻而易举地从你手中拿来，但那种为外在生活进行的斗争你是很早就在进行了，这种斗争当然也免不了要把我们卷进去，只是要比你晚，也就是说在进入成人年龄后才以孩子的力量去斗争。我的意思并不是说，这么一来我们的处境与你相比就是绝对不利的，可以说它们是相等的（当然这里并未将基础条件加以对比）；我们的不利之处仅仅在于：我们无法以我们的磨难吹嘘自夸，也不能像你利用你的磨难所做的那样以此压得别人低声下气。我并不否认，我是有可能从你那伟大的成就和非凡的劳动果实中得到享受，加以利用，并为讨取你的欢心，利用它们继续开拓的，但我们对这种做法却是异化了的。我能够享受你的给予，但只能是怀着自惭、疲乏、屡弱、负罪感来享受。所以为此一切我只能以乞丐的方式表示感谢，却不能以行动来感谢。

整个这种教育的最直接外在结果是：我躲避着能使身在远方的我联想到你的一切。首先是那爿商店，尤其在童年时代，那时它只是一个街头小店，它使我很愉快的是，它是那么活跃，晚上有灯光照明，人们看到、听到的甚多，不时可以帮个手，显示自己，但最重要的是欣赏你那些伟大的商人才干，你怎样售货，怎样接待人，开玩笑，不知疲劳，遇疑难情况马上就知道该做何种决断，等等；还有比如你怎样包装或打开一个箱子，这是一场值得一看的戏剧，而且一切从整体而言无疑并不是最差的儿童学校。可是由于你渐渐在各个方面都给我带来恐惧，而且在我眼里商店和你重叠了起来，于是商店在我心目中不再是舒服的了。那里一些最初在我眼里是自然而然的事情，开始使我痛苦，令我羞愧，尤其是你对商店职工的态度。我不知详情，也许这种态度在大多数商店中都是一样的（比如在保险总公司中，对待职工的态度就十分相似，我辞职时对那里的经理说的也许不完全符合实际，但也不完全是编造，我说我无法忍受那里的骂人，尽管这种待遇从未冲着我来；我在这方面有一种痛苦的敏感，这是在家里就已形成了的），但其他商店如何，童年时的我是毫不关心的。可我在店里看到的却是你在吼叫、怒骂、暴跳如雷，我当时认为全世界都不会有类似的情景。而且不仅是骂人，还有其他粗暴手段。比如看到你如何把你平时不希望与其他商品搞混的正品猛一下从柜台上掳到地上——只有你愤怒时的丧失理智可以稍稍为你开脱——然后命令店员捡起来。再如你对一个身患肺病的店员常说这样的话："他死了算了，这只病狗。"你把职工称为"拿薪的敌人"，他们确实是这种人，但还在他们成为这种人之前，你在我心中似乎就已经成了他们的"付薪的敌人"了。在那里我也受到了伟大的开导：付薪的也会做出不公正的行为；我在自己身上并未马上发现这种现象，于是我身上积聚起越来越多的犯罪感，这种感觉使我觉得你是对的；但根据我那后来有所改变，却又改变不大的孩子观念，那里是一些陌生人在为我们劳动，因此而不得不始终生活在对你的恐惧之中；当然我这些话是夸大了的，这是因为我认为你对那些人心灵的影响同对我的影响一样可怕。如果他们真像我所想的那样，那么他们也许根本无法生存下去，但由于他们是有着多半很出色的神经的成年人，他们可以毫不费力地把咒骂从身上抖掉，以致最终（咒骂）给你带来的伤害比给他们带来的要多得多。但我对这个商店却无法忍受，它太逼真地使我联想起与你的关系了：完全撇开企业主的利益，撇开你的统治欲不谈，仅仅作为商人，你已比所有在你手下学艺的人高明得多，以致他们的任何成绩都不能使你满意，同样，你也必然永远对我不满意。所以我不得不被划入职工一边，此外，由于我至少出于害怕而不能理解，人们怎么能这样骂一个陌生人，因此，出于害怕，我仅仅从自身安全考虑，也要在我觉得已是怨怒深积的职工和你与我们的家庭之间居间调停，以求得相互谅解。为此目的，用通常的、正直的对待职工的态度已经不够了，甚至更谦逊的态度也不够，而是我应该低声下气，不仅是抢先问好，而且要尽可能阻止对方回报我的问好。即使我这个无足轻重的人匍匐在下面舔他们的脚，也不足以弥补你这位老爷在上面对他们的大砍大劈。我在这里与人们之间的这种关系的影响超越了商店的范围而波及未来（比如奥特拉对与穷人交往的偏爱，她那使你如此恼火的同女佣们和其他人促膝而谈的行为等等，这些都与我的情形相像，只不过不像我那样充满危险和影响深远罢了）。说穿了，我几乎畏惧这个商店，当然，还在我上中学之前，它早就不是我的事业了，上中学后，我离它就更远了。而且它在我看来也是我的能力所无法应付的，因为就像你所说的，它把像你这样的人都搞得筋疲力尽，焦头烂额。于是你试图（现在我想起这事觉得它既令人感动又令人羞愧）从我对商店、对你的事业的那种使你深感痛苦的反感中提炼出了点儿甜味来，你的做法是扬言我没有做生意的意识，而是头脑里怀着更崇高的思想等等。母亲当然对你强加于我的这种解释感到高兴，即使是我，由于我有虚荣心，且处境不佳，所以也愿让这种说法来影响我。但如果使我离开商店（我现在，但也仅仅是现在，真正地、确实地恨着它）的仅仅是，或主要是"更高的思想"，它就会以别的办法表达出来，而不是让我平静而又害怕地游过中学和法学学习阶段，直到最终在公务员的办公桌旁登岸。

如果我要逃离你，我就必然也要逃离家庭，甚至包括母亲在内。人们虽然永远可以在她那里得到保护，但必然是在与你有关的前提下。她太爱你，太忠实于你了，以致在孩子的斗争中她未能成为一股独立的、持久的精神力量。这可以说是孩子的一种正确的直觉，因为母亲随着岁月的流逝与你结合得更紧密；一方面，她在有关她自己的事情上始终美妙地、温柔地、在本质上不伤害你的前提下维护着她自身最低限度的独立性，但另一方面，她一年比一年更彻底地（与其说出于理智不如说出于感情）对你关于孩子们的论断和裁决盲目地加以接受，尤其在奥特拉这一无疑是重大的事件上。当然，人们永远记得，母亲在家庭中的位置是多么痛苦，多么吃力。她为商店、为家务辛苦操劳，家里每个人每病一场她都比病人多受一倍的罪，但这些与她在我们和你之间的中间位置上所受的折磨简直不可同日而语。你对她一直是爱的、关心的，但你又像我们一样，给她的体贴少之又少。我们双方都毫无顾忌地对她进行轰击，你在你那边这么干，我们在我们这边这么干。这是一种方向偏转，人们心中并不怀恶意，想着的只是你同我们，我们同你的斗争，但却在母亲头上大吼狂叫。像你那样为了我们的缘故而折磨她（当然你是毫无过错的），并不是为教育孩子而做出的积极贡献。这种做法甚至为我们本来无法在她面前自圆其说的行为做了辩护。她为了你在我们这里和为了我们在你那里受了多少折磨啊，这还没有把那些被你言之有理地称为对我们的娇惯的情况计算在内，当然，这种"娇惯"有时只是对你的体系的一种默默的、无意识的"反示威"。自然，如果母亲没有从对我们大家的爱和这种爱所带来的幸福感中汲取忍受这一切的力量，她就无法承受这一切。

妹妹们仅在一定程度上是我的同路人。在与你的关系中最幸运的是瓦莉①。她与母亲的关系最亲近，因此也没费多大劲就建立起与你之间的亲近关系。你见到她就联想到母亲，所以也比较亲切地对待她，尽管她身上卡夫卡血系的因素很少。可是也许正是这样才见容于你；在没有卡夫卡素质的人身上，即使是你也无从要求有这种素质；在这方面，你也不会像对我们其他孩子那样，觉得她身上缺少什么，非得用强力挽救不可。再说你对在女人们身上体现出的卡夫卡素质从来就不是特别喜欢的。要不是我们其他这些人有所干扰，瓦莉同你的关系也许甚至会更亲切些。

艾莉②几乎是完全成功地从你的圈子中突围出来的唯一例子。在她小时候，我最想不到能做到这一点的就是她。她那时是个迟钝的、疲倦的、胆怯的、乏味的、知罪的、过于谦卑的、恶毒的、懒惰的、贪吃的、小气的孩子，我简直不想看到她，根本不愿同她搭讪，她太使我联想到我自己了，她与我处在同样教育的魔力之下，情况太相似了。尤其是她的吝啬使我厌恶，因为我的吝啬也许比她有过之而无不及。吝啬是大不幸的最牢固的标志之一；我对一切都感到无把握，以致我实际拥有的仅仅是已攒在手中或含在

---

① 卡夫卡的二妹妹。
② 卡夫卡的大妹妹。

口中或至少快要达到这种地步的东西,而处于相似处境中的她恰恰总是最喜欢把我快要拿到的那些东西拿走。但这一切都改观了:她年轻时(这是最重要的)便离开了家,结了婚,有了孩子,她变得快乐、无忧虑、勇敢、慷慨、不自私、充满信心。几乎令人难以置信的是,你竟然没有发现这一变化,没有给予它应有的评价,你对艾莉的恼怒自来存在,不加更改,它使你眼花,看不见这一变化;不过这种恼怒现在已不再那么现实,因为艾莉不再与我们住在一起,此外,你对菲利克斯的爱和对卡尔的喜欢使这种恼怒隐退了下去。只有盖尔提[1]有时还要遭到它的袭击。

关于奥特拉我几乎不敢写;我知道,写奥特拉,就等于拿写这封信所希望达到的效果开玩笑。在一般情况下,只要她没有陷入困境中或危险中,你对她只有仇恨;你自己对我承认过,照你看,她总是故意给你制造痛苦和烦恼,一旦你为了她的缘故而痛苦,她就感到满足和高兴。这就是说她是一个魔鬼了。这是多么深刻的隔阂啊,你与她之间的隔阂必定是比你与我之间的更甚,否则就不会出现这么大的误解。她离你这般遥远,远得你几乎看不到她,于是

---

[1] 艾莉与卡尔·赫尔曼结婚后,生有两个孩子:菲利克斯和盖尔提。——原注

在她的位置上你以为见到的是取而代之的一个幽灵。这种非常复杂的情况我也不能完全洞察,但那里无疑是个像略韦那样的形象,用最好的卡夫卡家族的武器装备着。在我们之间没有存在过真正的斗争;过去的斗争,都很快就被解决了;残存的只有逃亡、痛苦、悲哀、内心斗争。但你们俩永远处在斗争状态中,永远精力充沛,永远力量无穷。这是一幕既雄壮又无望的场景。首先你们俩一定是挨得很近,因为直到今天奥特拉在我们四兄妹中仍然是你与母亲的婚姻和连接你和母亲的力量的最纯的体现。我不知道是什么使你们失去了父女间的和睦之乐,我只是几乎相信,你们关系的发展同我这里的情况是相似的。你这边是你的本性的专横,她那边是略韦血统的固执、敏感、正义感、不安,而这一切则是由对卡夫卡血统力量的意识支撑着的。当然我也影响过她,但几乎不是出于我的有意的行为,而是通过我的存在这一简单的事实。而且她是作为最后一员出生,进入已经形成的权力关系中来的,可以根据那些众多的、现存的材料来构造她自己的判断。我甚至可以设想,她的内心本质曾有一度摇摆不定,不知她是投入你的怀抱好,还是投入你的对手们的阵营中好,显然你错过了某种机会:你把她推了回去;而你们(*如果可能的话*)本来是满可以成为出色的、和睦的一对的。这样我虽然会失去一个同盟者，但看到你们俩这样，我的损失便得到了充分的补偿，你也会由于至少在一个孩子身上得到了完全彻底的满足而朝着有利于我的方向变化。在今天看来这一切只是梦想，奥特拉和父亲之间没有关系，她必须单独寻找她的道路，就像我一样；但由于她的信心、自信、健康、无所顾虑这些素质都比我强，所以她在你的心目中也比我更坏，更离经叛道。我是明白这一点的；你对她的看法不会是别的什么样的。甚至她自己也有能力用你的目光来看她自己，共同感受你的感觉，并对此（*不是绝望，绝望是属于我的*）十分悲伤。你似乎怀着反感看到我们经常在一起，我们窃窃私语，开怀大笑，你还不能听到提起你。你感到我们是胆大妄为的阴谋集团，奇怪的阴谋家。你当然从来就是我们的谈话和思考的主题之一，但我们坐在一起，真的并不是想要想出什么对付你的办法来，而是为了以全副精力，以幽默，以严肃，以爱、抗拒、愤怒、反感、服从、负罪感，以脑袋和心脏的一切力量来详细研讨那在我们和你之间晃悠的可怕的诉讼，谈一切细节，一切方面，利用所有机会，无论相距远近都来共同谈透这个问题。在这场诉讼中你总是声称自己是法官，但实际上，至少在绝大多数情况下（*我在*

此不把门关死,以防出现我当然也可能造成的失误),你同我们一样,是既弱小而又诚惶诚恐的一个当事人。

从你的教育方法所产生的影响的整体上看,它有个很能说明问题的例子,那就是伊尔玛。一方面她是个外来人,到你的店里来时已经是成年人,同你之间主要是主仆关系,也就是说是在一种已有抗拒力量的年龄才部分地受到你的影响的;另一方面,她也是你的一个亲戚,她对你的尊重是对她父亲的兄弟的尊重,所以你对她的威力远远超过一般上司的威力。尽管如此,尽管她那包容在弱小躯体中的禀赋是那么能干、聪明、勤劳、谦逊、可信赖、不自私、忠实,尽管她将你作为叔父来爱戴,作为上司来钦佩,尽管她在以前和以后的其他工作岗位上都工作得很好,但她在你眼中却不是一个很好的职工。她在你面前(当然也是在我们的影响下)的地位相当于孩子的位置,而你的天性的塑造力在她面前却如此之大,以致在她身上(当然只是在你面前,但愿这些未给这孩子带来更深的折磨)逐渐产生了健忘、疏忽大意、辛酸的幽默,甚至产生了一点抗拒心理,假如她有抗拒能力的话。我在此还没有把这些因素算进去,她体弱多病,而且并不很幸福,并有沉重的家务压在她身上。你同她那种举一反三的关系被你归纳成了一句话,这句话在我们心中已成经典语言,它几乎是亵渎神明的,但恰恰能很好地证明你所持的待人方法是无罪的:"这个伪善的信徒给我留下了一大堆臭狗屎。"我还可以描述你的影响所及的其他圈子和反抗你的影响的斗争,但写这些我就没把握了,有的地方也许还得虚构。再说,你从来都是离商店和家庭越远,你就越和气、越迁就、客气、体贴人、关心人(我说的也包括表面上),这就像一个君主,一旦出了他的国家的边界,就没有理由仍然摆出暴君的架子来,于是,甚至可以和善地同最低贱的人打交道了。确实,你在弗兰岑巴德拍的集体照中总是那么伟岸而又愉快地站在一些闷闷不乐的小人物中间,犹如一个巡访的国王。你的孩子们本来显然也可以从中获益的,只是他们必须在童年时就有能力(而这是不可能的)认识到这一点。比如我就不应该始终在一定程度上居于你的影响的最里面、最严格、最牢固联结的圈子之中,可惜我就是做不到这一点。这么一来,我并非仅仅失去了家庭观念,就像你指出的那样;相反,我对家庭还是有观念的,但这种观念主要的成分是不利于(当然是永无止境的)解脱你的内心愿望的。与家庭之外的人际关系在你的影响下也许受害更深。你的想法是完全错误的,你认为我对其他人出于关怀和忠诚什么都干,而对你和家庭出于冷漠和背叛则什么都不愿干。我愿不厌其烦地再重申一遍：换一种环境，我可能也会成为一个怕交际的、胆小的人，但在那种环境中，比我到达现在的境地所走过来的路，还得多走一段长长的、黑暗的道路。（至此，在这封信中我避而不谈的相对来说还不多，但现在和将来我将不得不对一些事避而不谈，那些事要我对你和对我自己承认，是我所难于启齿的。我之所以说这些，是为了使你不要以为，在什么地方出现整体图像模糊不清的现象，必是我缺少证据的表现，恰恰相反，是因为一些证据能使图像鲜明刺眼得令人难以忍受。）要找到一个中间途径确非易事。这里只需回忆一下以前的事就可以了：我在你面前失去了自信，换来的是一种无穷尽的负罪感。想起这种无穷尽时，有一次我在描述一个人时说过一句中肯的话："他担心羞耻将在他身后继续存在下去。"① 我不能突然间摇身一变，当我同其他人相遇在一起时，我在他们面前会陷入更深的负罪感之中，因为正如我前面说过的，我必须弥补在商店里你把我牵连进去的，对他们犯下的罪过。此外，你对任何我所交往的人总有令人不快的言论当面或背地里说出来，而这也是我

---

① 这也是卡夫卡完稿于此前一年，即1918年的长篇小说《诉讼》的最后一句话的大意。

必须向当事人求得原谅的。你在店里和家里教我对大多数人不能信任（你举得出一个在童年时对我有重大意义的、而没有至少一次被你说得体无完肤的人来吗？），奇怪的是这并未给你带来多少心灵负担（你确有足够的承受力，再说这种行为事实上也许只是统治者的一种标志），这种不信任在我这小人物的目光中从未得到证实，因为我到处看见的都是遥不可及的出色的人；到头来，这种不信任变成了我对自己的不信任，变成了对其他所有人的永无止境的害怕。在这方面我无法把自己从你的影响下解放出来。你在这方面之所以会误会，原因也许是，你对我的人际交往其实一无所知，却不信任地、妒忌地（我难道否认过你是爱我的吗？）估计，我离开家庭生活圈子，必然会在别处寻找补偿，因为要我在外面像现在这样生活是不可能的。此外，恰恰在我的童年时代，就这方面而言，我对我的判断有所怀疑，从而得到了一定的自我安慰；我对自己说："你一定是太夸大了，在你的感觉中，你过分地把小事看成了大的特例，这是青年时期的普遍现象。"可是以后随着我对世界观察的视野的扩大，我几乎失去了这种安慰。

我在你身上找不到多少获得拯救的希望，在犹太教中同样找不到多少。这里本来是应该有获救的希望的，但本来可能性更大的是：我们俩在犹太教中相逢，甚至我们意志一致地从那里出发。但我从你那儿得到的又是什么样的犹太教啊！随着岁月的流逝，我对它先后采取了三种姿态。

孩提时代，我同你一样，为我不常去教堂，不持斋戒等原因而责备自己。我认为我这些行为不是对我自己，而是对你不公正，因而无所不在的负罪意识一阵阵穿透我的身心。

后来，作为青年人，我不明白，你自己对犹太教持可有可无的态度，却为什么会指责我不努力去追求（像你所说的，仅从虔诚出发也该如此）一种与你相类似的可有可无。据我所见，那真是一种可有可无态度，一种开玩笑，甚至连开玩笑都谈不上。你一年中到教堂去四次，在那里与其说是近于那些认真信教的人，不如说更近于那些满不在乎的人，你耐心地走形式地做完祷告，有时你竟然能抽闲向我指出祷告书上正读到了什么地方，使我深感惊讶；此外，只要我在教堂里（这是主要的），我想转悠到哪里就可转悠到哪里。在那漫长的好多个小时中我不停地打呵欠和打瞌睡（我想，后来我只有在上跳舞课时才感到这么枯燥过），并不断尽可能在那里的一些小小的变化中寻找欢乐，比如人们打开约柜①,这总使我想起游艺射击棚,在那里若有人击中黑心,一扇小门就会打开;所不同的是,那里出来的总是些有趣的东西,这里出现的却永远是一些无头的木偶。此外,我在那里心中总是怀着许多畏惧,不仅是因为那里有许多人,我将与他们有更近的接触,而且也是因为你有一次曾顺口说道,人们也有可能会把我叫上去朗读《摩西五经》的。为此我战栗了好几年。除此之外,我的枯燥烦闷未受到什么值得一提的干扰,顶多是背诵经文,但它只要求可笑的熟记,也就是说只要达到一种可笑的考试标准即可;再就是与你有关的一些小小的、不太重要的插曲,比如你被叫上去朗读《摩西五经》,而你出色地经受住了这个在我的感觉中完全是社会活动性质的事件;或者是你被留在教堂中参加悼灵典礼,而我被打发走,于是在我心中,显然是由于被打发走和无任何深深的关心这些因素,产生了一种几乎不曾让我意识到的感觉:这件事办得不太地道——这是在教堂里的情况。在家里,敬教的行为更是稀少,仅局限于那逾越节头夜的祈祷仪式,这个仪式一年比一年更成了一幕充满痉挛的笑的喜剧,当然这一幕是在正在长大的孩子们的影响下产生的(你为什么会顺从于这种影响?

---

① 犹太人保藏刻有《摩西十戒》的两块木板的木柜。

因为是你造就了这种影响)。这些就是提供给我的信仰素材;在这之外顶多还能加上你那伸出的手,它指着让我读《百万富翁富克斯的儿子们》,他们在崇高的宗教节日里与父亲一起进入教堂。至于如果不是尽快把这些(信仰)材料抛弃,就要用这些材料做些好事,我可就不知该如何下手了。

再往后一些,我对问题的看法就不同了,我懂得了你为什么认为我在这方面也背叛了你。你从那小小的犹太聚居区的村镇中来,确实曾带来了一些犹太教的东西,但本来就不多,在城市和军队里又失落了一些。尽管如此,青春时的印象和回忆还勉强可以凑成一种犹太生活,尤其因为你不需要这类帮助,你生于一个非常强大的家族,宗教上的疑虑如果不是同社会上的疑虑混杂得难分难解,那么你,你的人格就几乎不可能被动摇。事实上,引导你一生的信仰是:你相信一个特定的犹太人的社会阶级的观念是绝对正确的,由于这些观念是你的本性的组成部分,于是你便产生了对你自己的信念。这里面确还有足够的犹太教,但要把它继续传给孩子就太少了,当你传下来时,它已经几乎滴完了最后的血液。其中有一部分是不可留传的青年时的印象,一部分是你那令人生畏的本质。同时,可不可能使一个出于满心害怕而观察得非常仔细的孩子理解:你以犹太教的名义、以相应的满不在乎的态度搞的那些全不相干的事情有着崇高的意义。这些不相干的事情对你来说意味着对以往的年头的小小的回忆。尽管你想把它们传给我,但由于它们连对你都失去了自身价值,于是你只有靠说服或威胁来这么做。一方面,这么做是不会成功的;另一方面,由于你根本认识不到你在这方面的虚弱的处境,你自然会由于我看上去顽固不化而大动肝火。

这一切并非单独的现象,从崇尚虔诚的农村涌入城市的过渡的一代犹太人中,有相当一部分都是这样的。这是自然而然产生的现象,只不过它在丝毫不乏尖锐性的我们的关系上又加上了一重痛苦的尖锐性。在这一点上,你虽然应该像我一样相信你的无辜,但应该通过你的本质和时代环境来解释这种无辜,而不是用外在因素来解释,比如说你其他工作和操心的事太多,以致你无法抽身来干这件事云云。你惯于用这种方式,把你无可置疑的无辜转化为对其他人的不公正的谴责。你最近读了富兰克林的青年时代回忆录。我确实是故意给你读的,但不是像你开玩笑地说的那样,是为了关于素食的一小段,而是为了让你读读那里描述的作者与他的父亲之间的关系和这本本来就是写给他的儿子的回忆录中所表达的作者和他的儿子之间的关系。我在此不想具体举例了。

　　我从你在最近几年中的行为得到了对你的犹太教观念的一个后到的证明。在这些年中，你感觉到我比以往更多地从事于犹太人事业了。由于你从一开始就对我的一切活动，尤其是对我产生兴趣的方式甚为反感，在这里你的反感自然也一样存在着。但尽管如此，人们却可以抱着一线希望，等待你对此作为例外看待。这里活动着的正是与你的犹太教同根的犹太教，因此也有可能成为连接我们之间关系的纽带。我不否认，如果你对一些事情表现出兴趣，就会使这些事情在我心中变得可疑。我根本就没打算说我在这方面要比你好。但现在的问题根本不是检验谁好谁差。经过我的中介作用，犹太教在你眼中成了讨厌的东西，犹太文献成了不可卒读的内容，它们使你"厌恶"。——这也许意味着，你坚持认为，只有你在我童年时向我展示的犹太教是唯一正确的，此外再没有别的犹太教形式。但你坚持这一点，却几乎是不可想象的。这样，那种"厌恶"（**且不论它首先针对的不是犹太教，而是针对我来的**）只能意味着，你无意识地承认了你的犹太教和我所受的犹太教教育是虚弱的，你绝不愿旧话重提，并对所有回顾报之以毫不掩饰地仇恨。此外，你从消极方面出发对我的犹太教的高度的估计是非常夸张的;首先,我的犹太教中充满了你的诅咒;其次,人际的根本关系对于它的发展有着关键的作用,就我的情况而言,这种关系能使犹太教的发展走上绝路。

你对我的写作和与之有关的、你不知道的各种因素所持的反感倒是比较正确的。在这方面,我确实独立地离开你的身边走了一段路,尽管这有点让人联想起一条虫,尾部被一只脚踩着,前半部挣脱出来,向一边蠕动。我在此获得了一些安全,得以松口气。你一开始就对我的写作产生了反感,这种反感却例外地受到我的欢迎。你对我的书的欢迎方式已为我们所熟悉,它虽然伤害了我的虚荣心、我的抱负:"放在床头柜上!"(每当有书送来时,你多半正在打扑克。)但实际上我感到舒服,这种舒服感并非仅仅产生于突然生出的恶作剧的想法,并非仅仅产生于关于我们之间关系的观点得到新的证实而引起的我心中的快乐,这种舒服感其实也完全是自发的,因为你这句常说的话响在我耳中犹如"现在你自由了!"当然这是一种误解,我没有获得,或最乐观地说还没有获得自由。我写的是关于你的事,我在那里发泄的仅仅是在你怀里不能发泄的。这是有意拖延的与你的告别,只不过,这种告别虽然是由你逼出来的,但却是朝着由我选定的方向发展着。但这一切是多么微不足道啊！说到底，这事之所以还值得一提，是因为它发生在我的生活中，若在别处我便会根本就看不到；还有一个原因是，它在我童年时作为预感、后来作为希望，再后来作为绝望笼罩着我的生活，而且——这是做得到的，当然又是以你的形象出现的——是它指使我做出了一些小小的决定。

比如职业选择。当然，你以你那宽宏大度的、甚至可以说是宽容忍让的方式，在这方面给了我充分的自由。自然你在这方面是遵照对你具有制约力的犹太人中产阶层通常的教子方式行事的，或至少是根据这个阶层的价值观念行事的。最终，在此起作用的还有你对我个人的一个误解。也就是说，你自来就是从做父亲的自豪，从对我本身存在的无知，从联系回溯到我的孱弱这些方面出发，认为我是特别勤奋的。童年时，你认为我在不断地学习，后来又不断地写作。这种看法与事实何止相距千万里，如果说我学得很少，并一无所成，那么夸张的程度倒要轻得多；如果说多年来我以中等的记忆力、不算太差的理解力毕竟把一些东西留在了脑子里，这也并不奇怪，但无论如何，与在一种特别无忧无虑、平静泰和的生活中所付出的时间和金钱相比，尤其是与我认识的几乎所有人相比，在知识上，尤其是在知识的打基础问题上的全部收获那真是少得可怜。这些收获是微不足道的，但我觉得这是可以理解的。自我有思考能力以来，我就对精神存在的维护问题怀着极深的忧虑，以致其他一切于我全是无所谓的。我们这儿的犹太中学生往往很古怪，我在这儿常常看到一些不可思议的事情。以我这么个奇想迭出、但多半寒气逼人的孩子，怀着冷冰冰的、几乎不加掩饰的、不可摧毁的、像孩子般不知所措的、近乎可笑的、像动物般感到满足的淡泊冷漠心态，我还从来没有在别的人身上看到过。当然它也是防止我因恐惧和负罪意识而产生神经崩溃的唯一保护工具。我心里只有对我自己的关心，但这种关心却是以各种截然不同的方式表现出来的。比如对我的健康状况的担忧；这种担忧很容易出现，不时产生对消化、落发、脊骨弯曲等的小小的担心，这种担心害怕上升而形成无数层次，直到以一次真正的疾病而告终。由于我对任何事情都感到不安，每时每刻都需要证实我的存在，我没有任何本来就属于我的、属性无可置疑的、归我一个人独有的、唯我可以调动的所有物。由于我实际上是个被剥夺了继承权的儿子，所以我当然对最接近的物体，即自己的身体也感到无可把握了;我越长越高,但不知该怎么对待我增加着的高度,负担太沉重了,背脊因而弯曲;我几乎动弹不得,更何谈做体操,于是我永远是孱弱的;我把我仍可支配的一切都视为奇迹,比如我那良好的消化;仅这种心态就足以使我失去它(良好的消化),于是通往所有忧郁的道路全部毫无阻挡地展现在我面前,直到在想要结婚的超人的紧张压力下(这个问题我后面还要说到)血从肺里涌出,逊伯伦宫①中的寓所对此也是有相当一部分责任的——我之所以需要这个寓所,是因为我需要它用于我的写作,所以它(写作)也应该在这封信中得到描述。也就是说,不像你一直认为的那样,这一切都是由工作过度造成的。有几年我在健康状况很好的情况下在长沙发上荒度的时间比你在一生中荒废的时间更多,我这么说是把所有患病时的养病时间计算在内了。每当我极其匆忙地离开你时,多半是为了到我的房间里去躺下睡一觉。我的整个工作成绩无论在办公室里(在那里,偷懒不是非常引人注目的,而且由于我的畏惧心理,偷懒也是有限度的),还是在家里都是微不足道的;如果你能全面地了解一下,必会感到震惊。也许我的素质根本就不是懒

---

① 原系布拉格的一座贵族宫殿,后成为旅店,卡夫卡曾在那里居住过。

惰的，但是我无事可干。在我生活的地方，我被抛弃了，被宣判了，被打倒在地；为逃往别的地方我虽然使出了浑身解数，但这不是工作，因为这是一件不可能办到的事情，除个别小的例外，我的力量是远远不够的。

  在这种情况下我获得了选择职业的自由。但我还有能力去应用这种自由吗？我还能相信我有获得一种名副其实的职业的能力吗？我的自我评价之取决于你的看法，远远甚于取决于其他因素，如一次外在的成功。一次成功只是对一个瞬间的强化，没有其他作用，但另一方面，你的重量却越来越重地压下来。我曾以为我是永远通不过小学一年级学习的，但却成功了，我甚至得到了一笔奖学金；我想我必然通不过升中学的考试，但又成功了；我想这回我在中学一年级非被淘汰不可，不，我没有被淘汰，我仍然是一次又一次地成功地向前走。但由此产生的并不是信心，相反，我始终坚信（从你那拒绝的表情中我更得到了证明），我成功得越多，结局就越惨。我脑子里经常出现教师大会的场面（中学只是个最完整的例子，但对付我的形势在哪里都差不多），如果我通过了一年级，他们就在二年级集会，如果我通过了二年级，他们就在三年级集会，以此类推。他们开会的目的是审查这一奇怪的、骇人听闻的案例，探讨我这个最无能、至少最无知的人怎么竟会溜进了这个年级，由于现在大家的注意力都集中在了我身上，这个年级当然会马上把我排除掉，从而使所有摆脱了这场噩梦的正义者弹冠相庆——带着这种设想生活对于一个孩子来说是不轻松的。在这种情况下我又怎么会对上课感兴趣呢？谁又有能力在我心中激发出关心课堂的火花来呢？课堂使我感兴趣的情况（**不仅仅是课堂，而是在这个关键性的年龄中我周围的一切**）就像小小的正常的银行业务使一个侵吞公款的银行职员感兴趣的情况，他还在职，由于担心被发现而发抖，还必须一如既往地处理银行业务。除头等大事之外，其他一切都显得那么渺小、遥远。这样的情形持续到中学毕业考试，我真的是在一些地方耍了些手腕，才通过了它；然后这种情形停止了，我自由了。我本无选择职业的自由，我知道，在我面前，一切与头等大事相比都是无足轻重的了，就像中学里所有的教学素材在我心中的分量一样，主要的事情是：找一个在不太伤害我的虚荣心的情况下最能允许我这种无所谓的态度存在的职业。那么法学是最顺理成章的。出于虚荣心和荒谬的希望而进行的一些小小的相反的尝试，比如两周的化学学习，半年的德语学习，它们只是加强了那种基本看法。于是我学起了法学。这意味着，在每次考试前的几个月内，我在神经高度紧张的情况下，精神上靠吃食木粉度日，这种木粉在我之前已为千万张嘴巴咀嚼过。但从某种意义上说，我吃得津津有味，在某种意义上正如以前的中学生活和以后的职员职业，因为这一切完全与我的处境相符。不管怎么说，我在此显示了令人吃惊的先见之明，还是小孩子时，我已对学习和职业有了相当清楚的预感。在这方面我并不期待什么救星，对此我早就放弃了获救的希望。

但在我的婚姻的意义和可能性上，我却没有显示出任何先见之明；这场我一生中迄今最大的灾祸几乎是完全出乎意外地突然降临在我的头上。孩提时的我是慢慢发育成长着的，外表上这些事情在我心中是完全被撇在一边的；当时根本看不出，这方面正酝酿着一场旷日持久的、事关重大的、甚至是最艰难困苦的考试。事实上结婚的图谋变成了最了不起的、最有希望的自救尝试，尝试是惊心动魄的，其失败当然也是惊心动魄的。

由于在这个地方我一切都失败了，所以我担心我也不能够把这些结婚尝试解释清楚。然而我这封信的成败是取决于这方面的解释之成败的，因为，一方面在这些尝试中集中着我所能支配的所有正面力量,另一方面所有反面的力量也怒气冲冲地会聚集在这里,也就是我描绘成你的教育的副产品的那些因素,如虚弱、缺乏自信、负罪意识,这些因素在我和结婚之间画出了一条警戒线。我之所以很难做出解释,是因为我在那么多日夜中反复深思、掂量一切,以致我现在看到的景象使我也觉得杂乱无序,无所适从了。只有你那照我看来对事情的全盘曲解使我的解释任务轻松了些;稍微纠正一下一种彻底的误解似乎并不算太难。

首先你把各次结婚的失败归纳在我其他方面的失败的系列之中;我对你这种看法本来并无异议,但前提是:你必须接受我迄今为止关于失败的解释。它确实属于这个系列,但这件事的意义你却低估了,你低估得如此之甚,以致当我们相互谈论时,其实说的却是完全不同的事。我敢说,你一生中没有发生过任何一件事情,其对你的意义像结婚尝试对我的意义这么大。我并不是说,你没有经历过这样意义重大的事情,恰恰相反,你的生活比我的要丰富得多,操心得多,紧迫得多,但正因为如此,你身边没有发生这样的事情。就好比是有个人要走五级较低的台阶,而另一人只需走一级,但这一级至少对他来说同前面的五级加起来一样高；第一个人不仅将走上这五级，而且还将走上其他的几百级、几千级，他将度过的是伟大而紧张的一生，但他走过的台阶中没有一级像第二个人的那一级，高高的、竭尽全力也不可能走上去的那一级台阶有着那么大的意义，他走不上这一级，自然就谈不上继续行进了。

结婚、建立一个家庭、接受所有将要来到的孩子，并在这个不安全的世界上维护他们的生命，甚至还对他们略加引导，这些依我看是一个人所能做到的最高境界。至于那么多人成功地完成了此事，并不足以引为反证，因为第一，事实上并没有许多人成功；其次，这些不太多的人并不是"做"出来的，而只不过是"发生"在他们身上；这虽然还不是那种最高境界，但终究是非常伟大的，非常可敬的（尤其因为"做"和"发生"是很难黑白分明地加以区分的）。而且归根结底需要达到的也不是那种最高境界，而只需达到一种离之尚远的、但却是正当的接近状态；没有必要飞到太阳上去，但应该爬到地球上一块纯净的地点，只需那里不时有太阳照耀，使人得到一些温暖即可。

我对此有何准备呢？准备之差到了极点。从迄今为止的事态发展中已可看到这点。但只要是在对某一具体问题上有所直接准备或对普遍的基本条件有所直接创造的情况下,你表面上并未做很多干涉。其实也只能如此,因为这里起决定作用的是普通血统的等级风俗、民族风俗和时代风俗。你在这些场合当然也插手了,但不多,因为这种干涉的前提只能是很强的相互信任,而我们俩之间很久以来就缺乏在关键时刻的这种信任了,我们不很愉快,因为我们的需求是完全不同的;深深吸引我的事情一定是无法使你动心的,反之亦然;在你那里是无咎可指的事,在我这儿就是罪咎,反之亦然;在你那儿毫无后果的事情,对我来说也许就是我的棺材盖。

我记得有一天晚上同你和母亲散步,走在今天的州银行附近的约瑟夫广场上时,我开始愚蠢地、大言不惭地、自视高明地、骄傲地、冷静地(这是不真实的)、冷漠地(这是真实的)、结结巴巴地——我同你说话时多半是这样的——谈起有趣的事来,责备你不让我知道,直到同学们发现并估计我处在很大的危险的边缘时,才由他们对我说(在此我以我的方式恬不知耻地撒了谎,意在表现得勇敢,因为由于我的胆小怕事,我对所谓"很大的危险"并无准确的了解),最后我却暗示说,所幸我现在已知道了一切,不再需要别人为我献策了,一切都很好了,重要的是,不管怎么说我至少是开始谈论这件事了，因为我认为至少谈谈此事很有意思，再就是出于好奇心，最后还有个因素，即想以某种方式为某件事向你报复。你的应付办法十分简捷，这是与你的素质相符合的，你仅仅大体上这么说，如果我想不担风险地进行这类事情，你也许可以为我出个主意。也许我正是想诱你做出这样的答复，它同我这个喂饱了肉和其他好东西、但肉体上无所作为的、永远与自己搏斗着的孩子的性欲是一拍即合的。可是这个答复却仍然严重地损伤了我外表的羞耻心，或者我认为我的羞耻心一定是遭到了伤害，以致我（尽管这是违背我的意愿的）再也无法同你谈这个问题了，以致我高傲而放肆地中断了这次谈话。

评价你当时的这个回答是不容易的，一方面它具有某种不言而喻的性质，某种原始性质；另一方面，就这教诲本身而言，从现代的角度看也是无可置疑的。我不记得当时我多大了，但肯定不会比十六岁大多少。对这么一个年轻人来说，这毕竟是个很奇怪的答复，而我们俩之间的差距也在这里表现出来，这是我第一次从你那里获得的、直接的、牵涉到广泛的生活内容的教诲。其根本性质当时已经沉入我的心底，但很久以后才浮现在我的意识中，那就是：你为我出主意的那种事情在你看来，而且也在我当时看来，是世界上最肮脏的。至于你打算防止我在肉体上把这种污秽带回家去，这是次要的，你这样做无非是为了保护你，保护你的家。主要的是，你置身于你的建议之外，你是个丈夫，一个纯洁的男人，所处位置高出这类事情。这一点当时通过下面这个因素而更尖锐化了：我也觉得婚姻是可羞可耻的，所以我就不可能把我就婚姻听到的一般情况延伸到我的父母身上。这么一来，你就更纯洁，更高高在上了。要说你在结婚前也给自己出过类似的建议，我觉得是完全不可能的。这么算下来，你身上就分明没有一丁半点尘世的污秽了。但你却用几句直截了当的话把我推到这种污秽中去，仿佛我命该如此。如果这个世界仅仅是由我和你组成的（这是个我几乎相信的假想），那么世界的纯洁就到你为止，而由于你出的主意，（世界的）污秽从我开始。你这样地看待我，这是无法解释的，只有旧的罪孽和你的极深的藐视才可能是原因所在。而这事又一次给了我的内心最深处以打击，而且是沉重的。

这里也许最清楚地显示了我们俩的无辜。A给B一个坦率的、与他的人生观相符的、不太美的、但却是今天在城市里很有普遍意义的、也许能防止健康受损的建议。这个建议对于 B 在道德上没有多大鼓舞力量，但他难道就不能随着岁月的推移逐渐从这种损伤中摆脱出来吗？再说，他并不是非听从这个建议不可的，何况仅仅在这个建议中也看不到促使 B 的整个未来世界行将崩溃的因素。但事情偏偏还是这样发生了，原因仅仅在于：你是这个 A，我是这个 B。

这种双方的无辜我之所以能看得一目了然，是因为大约二十年后在完全不同的情况下我们之间又发生了一次类似的冲突，作为事实，它是可怕的，但就其本身而言，却是无害得多，因为，还有什么东西能给我这个三十六岁的人带来伤害呢？我指的是我告诉你最后那次结婚意图后，我有几天心情紧张，在其中的一天，你对我发表了一通小小的言论。你大体上是这么对我说的："她可能穿上了一件精心挑选的上装，布拉格的犹太女人是懂得这一套的，那么你当然就下决心要娶她了，而且想尽可能地快，一星期后，明天，今天。我不懂你是怎么回事，你毕竟是个成年人了，住在城市里，却只知道看到一个女的就马上跟她结婚。难道就没有其他可能性了吗？要是你害怕，我可以陪你去。"你讲得更详细、更清楚，但我记不起细节了，也许当时我的眼前也有点模糊了，几乎是母亲使我更感兴趣些，她虽然完全同意你的看法，但还是从桌上拿起什么东西，并以此为借口走出了房间。你几乎从来没有比这次用言语对我的侮辱更深了，也从没有更清楚地表示出你的蔑视。当你二十年前对我说类似的话时，从你的眼睛里甚至还看得出对一个早熟的城市青年的一点敬意，依你看来他可以被毫无周折地引导上生活之路。今天若从这个角度看，只能使轻蔑的程度显得更甚，但当时开始踏上征途的这个年轻人一开始就陷在那里动不了了，在你眼里，他今天没有增加丝毫经验，而只是减少了二十个年华。我对一个姑娘所做的决定在你看来毫无价值。你始终（无意识地）压制着我的决断力，现在却（无意识地）自以为知道它有多少价值了。你对我在其他方面所做的自救尝试的思路也就一点都不知道，于是你必须猜想我的思路，从你对我的整体看法出发，猜测的结果便是最可恶的、最生硬的、最可笑的了。你毫不迟疑地以这种方式把它说出来。你这么做给我带来的耻辱，在你眼里是与我通过结婚会给你造成的耻辱不可比拟的。

你可以以我那些结婚尝试为依据来回答我，而且你已经这么做了。在我两次解除了与 F. 的婚约，两次重新订约之后，在我把你和母亲白白地拽到柏林去参加订婚仪式和其他一些事情之后,你当然不能够十分尊重我的决定了。这一切都是真实的,但却是怎么产生的呢?

两次结婚尝试的基本思想是完全正确的:建立一个家庭,获得独立。这个思想是为你所同情的,但它在实际上却出现了出乎意外的结果,就像那个儿童游戏,一个人抓着另一个人的手,甚至使劲压着,同时却喊着:"喂,走啊,走啊,你为什么不走呢?"当然,在我们的情况中,事情复杂化了,那句"走啊!"你从来是发自内心的,但同样是从来如此的:你在不知不觉的情况下,仅仅是由你的天性制约着,抓着我,或说得更准确些,把我压在下面。

两位姑娘虽说都是偶然的选择,但都是选得非常好的。你竟会相信,我这个胆小的、踌躇的、多疑的人是心血来潮地决定要结婚的,比如由于被一件女上装迷住而心血来潮;这又一次证明了你对我彻头彻尾的误解。两次婚姻本来都会是理智的婚姻的,可以这么告诉你,我曾经日日夜夜地竭尽我的思维力量来考虑计划,第一次长达数年,第二次长达数月。

两位姑娘中谁也不曾使我失望,而是我使她们俩失望。我对她们的看法一如既往,今天仍同当初想要同她们结婚时一样。也不能说,我进行第二次结婚尝试时忽视了第一次尝试的经验教训，也就是说变得掉以轻心了。情况是完全不同的，正是以前的经验在第二次尝试中（*它比第一次更有希望*）给了我希望。细节我在此就不加详述了。

为什么我没有结婚呢？这里当然像所有地方一样，有种种障碍，但生活就是由越过这些障碍组成的。最重要的，可惜超脱了具体事例之外的障碍却是：我精神上实际上没有结婚的能力。这一点表现在：从我决心结婚的那一瞬间开始，我就再也无法入睡了，脑袋日夜炽热，生活已不成其为生活，我绝望地东倒西歪。造成这种现象的主要并不是担忧，虽然与我的忧郁和迂腐相应地有许多忧虑伴随着我，但它们并不是关键因素，它们虽然把像蛆虫对付尸体那样的工作完成得很出色，但对我的思想起着决定性影响的是其他一些因素。那就是恐惧、懦弱、自卑的无所不在的压力。

我想进一步做番解释：在我的结婚尝试中，两种似乎是截然相对的因素激烈地在我与你的关系之中碰撞，比其他任何场合都更激烈。结婚当然是对最充分的自我解放和独立的担保。那样我就会有个家庭，这是我心目中人力所及的最高点，也是你所达到的最高点；那样我就与你平等了，一切旧的、新的耻辱及暴政将永远成为历史。这可真不啻为美妙的童话世界，但其中却大有可置疑之处。所获太多了，要获得这么多是不可能的。这就有如有个人被囚禁了，他不仅怀着逃跑的意图（这也许是有可能实现的），而且还要同时把这座监狱改建成一座避暑行宫。但如果他逃跑了，他就无法改建；如果他改建，他就无法逃跑。如果我想要在我所处的与你的关系中获得独立，我就必须做某种同你毫无关系的事情；结婚虽是最伟大的事，并赋予人以最可敬的独立性，但它同时也与你有着最密切的关系。所以要想从这里脱身，是某种接近狂想的东西；几乎每一次尝试都会因而受到惩罚。

但也正是这种密切的关系在一定程度上诱惑我去结婚。我之所以把我们之间可能产生的、你对其理解之深会甚于任何现象的平等想得这般美妙，是因为那时我将成为一个自由的、知恩图报的、无罪的、正直的儿子，而你会成为一个毫不郁闷的、不粗暴的、有同情心的、心满意足的父亲。但要达此目的，就必须将一切已发生的事情抹去，也就是说，必须把我们自己抹去。

以我们现在这种状况看，结婚算是与我无缘了，它正是你最堪称独领风骚的领域。有时我突然奇想，觉得在打开的世界地图上，你四脚八叉地躺着。于是我感到，只有那些你的肢体未曾盖住或尚够不到的地方才是我的生活可以插入的空地。根据我对你魁梧身材的遮盖面的设想，留给我的地方是不多的，那些有限的地方也不是很令人鼓舞的，尤其是婚姻并不在其中。仅这个比较就足以证明，我绝不是认为你通过你的例子把我从婚姻领域驱逐出去，就像从商店中驱逐出去一样。尽管情况从很多方面看确实像是这么回事，但实际上并非如此。我从你们的婚姻中看到的是一场在许多方面堪称楷模的婚姻，在忠诚、互助、儿女数量这些方面都堪称楷模。甚至在儿女们长大成人并不断破坏和平宁静之后，这场婚姻仍不为所动，依然如故。我对婚姻所抱的崇高概念也许正是由这一例证引出的；至于对结婚的要求会使我晕眩，是有其他原因的。这些原因存在于你同孩子们的关系之中，这封信从头到尾谈的就是这种关系。

有一种看法认为，对结婚的恐惧心理有时是这么来的：人们害怕自己对父母犯下的罪过，将来会由子女来施还在自己身上。这种看法对我的案例没有多大意义，因为我的负罪意识本是由你而来，充满了独特性，这种独特性是这种意识折磨人的本质的一部分，重复它是不可想象的，无论如何我必须承认，如果我有这么一个愚蠢、迟钝、乏味、堕落的儿子，我会受不了的，假如没有别的办法，我会逃走、迁居，就像你在我一旦结婚后想做的那样。你这种想法也参与影响了、促成了我的无能力结婚现象。

这方面重要得多的是我为自己而生的恐惧。这点可以这样理解：我已经说过，我通过写作和与此有关的事情做了些小小的独立尝试，逃亡尝试，获得了微乎其微的成功，但这些尝试将无所进展，许多事情已经向我证明了这一点。尽管如此，守护它，不让任何我能挡得住的危险，甚至不让任何产生这种危险的可能性接近它，乃是我的义务，或不如说是我全部生命的寄托。婚姻就是这么一种危险，当然也可能是最大的促进，但对我来说，它可能是一种危险这一点便够了。如果它真的成为一种危险，我该怎么办呢？我又怎么能够怀着对这种危险的也许无法证实的、但却也是无法反驳的感觉继续过这种婚姻生活呢？虽说在这种感觉面前我可以犹豫再三，但最终的结果却是无疑的，我必须放弃。关于手上的麻雀和屋顶上的鸽子的比较用在这里并不很贴切。我手中一无所有，而屋顶上应有尽有，而我必须（这是斗争形势和生活欲望所决定的）这样一无所有。我在职业选择上的情况也是如此。

但最重要的结婚障碍是那已无法消除的信念：对于赡养家室乃至照管家室来说，我在你身上看到的品质缺一不可，各方面的无一例外，好的和坏的，就像它们有机地在你身上组合成的那样：强有力和对他人的嘲弄、健康和一定程度的无所节制、说话天才和知识欠缺、自信和对其他任何人的不满、高于世俗和专制粗暴、识人经验和对大多数人的不信任，再就是一些没有任何反面作用的优点，如勤奋、韧性、专注、无所畏惧。相比之下，所有这些品质我都没有，或只有很少一点，凭这么一点我就想要结婚吗？何况我看到，即使是你，也必须在婚姻生活中艰苦搏斗，在孩子们面前甚至落于失败的境地，不是吗？这个问题我当然不曾明确地想过，因而也不曾明确地答复过，否则寻常的思索便可使它迎刃而解，并使我看到别的男人，他们与你不同（就**近即可举个与你截然不同的人为例：理查德叔叔**），但却也结了婚，并至少没有因此而崩溃，仅这些就相当说明问题了，对我来说正是完全足够了。但我并未提出那个问题，而是从小经历着它。我并不是遇到婚姻关系才检验自己，而是每逢一件小事都检验一下；在每件小事面前你都以你的榜样和你的教育（这我已试着描述过）使我充分认识我的无能，在每件小事上符合实情的并证明你有理的，自然最大的事上——亦即婚姻——更是极其符合实情的。在进行结婚尝试之前，我是像个商人一般成长起来的，这个商人虽然怀着忧虑和噩兆预感,但从不做细账,糊里糊涂地过着日子。他偶然有些小赢利,但由于这是罕见的,他在想象中不断对这些赢利百般爱抚沾沾自喜,越想越多;但除此之外,他每天却不断地亏着血本。一笔一笔都记在了账上,但从不结算。现在可到了非结算不可的关头了,这个关头就是结婚尝试。这里需要计算的数目十分巨大,以致简直连一点儿有过赢利的迹象都看不出来,一切汇成了一笔大亏损。现在要是结婚,那不是非发疯不可了吗!

我至今与你共同度过的生活大致讲完了,这种生活的未来前景如何呢?

你若注意看一下我对你畏惧的根由,你就会回答说:"你声称,我简单地以你的罪责来解释我与你的关系,那是图省事,但我认为,尽管你表面上花了很大力气,但实际上并不很费劲,这事例反而使你大为得益。首先你也拒不承认负有任何罪过和责任,在这方面我们的做法是一样的。我那样坦率地、一如心中所想地认定你单独负有全部罪责,而同时你却打算表现得'特别聪明'和'特别温柔',并宣布我也是无罪的。当然后面那点你只是似乎做到了(你的意图也不外乎此),而在品质和天性和对立和绝望这些方面尽管有种种'说法',但字里行间却透出这么一层意思:我是进攻者,而你干的一切都是自卫。现在你通过不正当的手段得到的已经够多的了,因为你证实了三点:第一,你是无罪的;第二,我是有罪的;第三,你纯粹出于慷慨胸怀,不仅要原谅我,而且多多少少还想证明,并且想要使自己相信:我也是无辜的(当然这是不符合事实的)。这些于你本来应该够了,但却还不够。你满脑子塞着的是完全依靠我生活的想法。我承认,我们在相互斗争。但世上有两种斗争,一种是骑士式斗争,这是两个自立的对手间的相互较量,各自为政,胜败都是自己的事。另一种是甲虫的斗争,这甲虫不仅蜇人,而且还吸血以维持生命。这是真正的职业战士,这就是你。你在生活上是不能干的;但为了把这一点解释得舒服、无须忧虑、无须自责,你证明是我夺去了你的所有生活本事,并塞进了你的口袋里。你对你在生活上不能干又何必担心呢?反正我有责任,你尽管放松四肢,无论肉体上还是精神上,任我拽着穿过生命之河。一个例子:当你最近想要结婚时,你同时不想结婚(这点你已在信中承认),但为了不多花自己的精力,却希望我帮助你结不了婚,也就是说,使我认识到这一结合将给予我的姓氏以'耻辱',因而禁止你们结婚。但我根本没有往这方面想。首先,我在这方面永远不想成为'阻止你获得幸福'的绊脚石;其次,我绝不愿听到我的孩子对我发出那样的指责。我克制了自己,给你以做出婚姻决定的自由,但这么做对我又产生了什么益处呢?一点都没有。反感,我对这场婚事的反感也许阻止不了它,而且反而成为促使你娶那位姑娘的因素,因为这么一来,'逃亡尝试'(你是这么表达的)将是万事俱备了。而我即使允许你结婚,也无法阻止你的指责,因为你在此证实,无论如何我都对你的结不成婚负有责任。但实际上你在这方面,以及其他诸方面,对我来说什么也未曾证明,只证明了我的所有指责都是对的,这些指责中还缺少一个特别合乎情理的指责,即说你不正直、阿谀奉迎、寄生的指责。我想不至于搞错:即使这封信也是你靠我过寄生生活的一个明证。"

我的回答是,首先,这一大段插话(一部分是反对你的)并不真是你说的,而是我写的。你对别人的不信任还没这么严重,还不像我的自我不信任那么严重,我的自我不信任是在你的教育下养成的。我不否认这段插话具有一定的合理性,它也为表明我们之间关系的性质做出了一些新的贡献。在现实中,事物间的关系当然不会像我的信中所证明的那样,生活并非仅仅是磨砺耐心的游戏;但这段插话对此做了一些矫正,这一矫正我既不能、也不愿详加阐释了，我认为通过这一矫正，情况已表达得非常接近事实了，使我们俩都能得到一些安慰，使我们的生与死都变得轻松起来。

弗兰茨

叶廷芳　黎奇　译

他

　　他在任何情况下都没有充足的准备,但从来不能因此而责备自己。因为,在这每时每刻都烦人地要求有准备的生活中,哪里又有时间准备呢?但即使有时间,在知道任务之前,又何从准备呢?换句话说,连是否能够完成一个自然的,而并非仅仅是人为造成的任务又有谁能保证呢?所以他早就被轧在车轮底下了,对此他是最没有准备的了,这既令人惊讶,又令人欣慰。

　　他所干的一切,尽管在他眼里都特别新鲜,但与这难以思议的新鲜程度相应的是,这又特别浅薄,几乎没有一次是可以忍受的,无法拥有历史性,无法挣脱氏族的长链,首次把迄今至少感觉得到的世界之曲打断,打落到十八层地狱中去。有时他那高傲的心中对世界的担忧多于对自己的担忧。

也许他会满足于一所监狱。作为一个囚徒终其一生，这满可以成为一个生活目标。但这却是个铁笼子。这世界的噪音大大咧咧地，专横粗暴地在铁栅间穿进穿出，就像在自己家中一样。

其实这个囚徒是自由的，他可以参与一切，外面的任何事都躲不过他，他甚至可以离开这个笼子，栅栏的铁条互相间间隔足有一米宽，他甚至并没有被囚禁。

他有这么个感觉，他通过他的活着堵住了自己的道路。由这一阻碍他又得到了证明，他活着。

他自己的额骨挡住了他的道路，在他自己的额头上，他自己把额头打得鲜血横流。他感觉自己在这地球上被囚禁了，周围是这样挤，囚徒的悲伤、虚弱、疾病、胡思乱想在他身上爆发了；没有任何安慰可以安慰他，因为那只不过是安慰，面对粗暴的被囚事实而发的温柔的、令人头痛的安慰。可是如果有谁问他，他想要的到底是什么，他可就答不上来了，因为他（这是他最强有力的证明之一）根本就没有自由的概念。

有些人通过指出太阳的存在来拒绝苦恼，而他则通过指出苦恼的存在来拒绝太阳。

所有生活的（无论是别人的还是自己的）、自寻烦恼的、沉重的、往往长时间停滞的、究其根本不停不息的波浪运动使他痛苦万分，因为它总是夹带着没完没了的强迫去思想的压力。有时他觉得，这种痛苦发生在事件之前。当他听说他的朋友将要得到一个孩子时，他认识到，他作为早期的思想家已经为此受过折磨了。

他看到两点：第一是那平静的、不可能没有一定舒适感的观察、思索、研究、倾诉。那些事的数量和可能性是无穷无尽的，即使大墙嘎嘎响时也需要一条相当大的裂缝，以便于倒塌。那些工作根本不需要空间。哪怕在没有任何裂缝的地方，它们也会你拥我挤，成千上万地生存着。这是第一点。第二却是被叫上来做出解释的瞬间，不发出一丁点儿声响，被抛回了别人的观察等等之中，但现在毫无指望，不能再唠唠叨叨，越来越不安，只需一个诅咒便能使他沉沦。

他只证明他自己，他唯一的证明就是他自己，所有对手都能一下子就战胜他，但并不是通过对他的反驳（他是**不可反驳的**），而是通过证明他们自己。

人的结合的基础是，一个人通过其强有力的存在似乎反驳了其他本身不可反驳的个体。这对于这些个体来说是甜蜜的和欣慰的，但是没有真实性，因而总是不能持久。

以前他是一个庞大的群体中的组成部分。在某个高出一截的中心点上以精心安排的顺序矗立着军界、艺术界、科学界和手工业行业的象征性形象。他是这许多形象中的一个。现在这个群体早就解散了，或者至少是他离开了它，自己去闯他的生活之路了。连过去的职业也已经失去，他甚至忘了他那时扮演的是什么角色。看来正是这种忘怀导致了一定的伤感、不踏实感、不安感，一种给现在蒙上阴影的对过去时光的向往。然而这种向往却是生命力的一种重要元素，或者也许就是生命力本身。

他不是为他个人的生活而活着，他不是为他个人的思想而思索。他好像在一个家庭的强制性之下生活着思索着，这家庭虽然充溢着生命力和思想力，但是根据某个他所不知道的法则，他的存在对于这个家庭具有一种死板的必要性，由于这个他所不知的家庭和那些他所不知的法则，是不能放他走的。

原罪，人所犯的那个古老的过失，存在于人所发出的并且不放弃的那个谴责中：他受到了过失的伤害，他遭到了原罪的祸害。

在卡西内利的橱窗前，有两个孩子在东游西逛，一个大约六岁的男孩,一个七岁的女孩,穿的很多,正在谈论着上帝和罪孽。我在他们身后站了下来。这姑娘,也许是天主教徒,认为只有欺骗上帝才是真正的罪孽。那男孩,也许是新教教徒,以天真的固执劲儿追问,那么欺骗或者盗窃又是什么呢。"也是一种很大的罪孽,"女孩说,"但不是最大的,只有对上帝犯罪是最大的犯罪,对人犯罪我们可以忏悔。当我忏悔时,天使马上又出现在我身后,因为当我犯罪时,魔鬼就来到了我的身后,只不过我们看不到他。"也许是严肃地说话使她感到累了,为了制造一点轻松气氛,她转过头来,说道:"你看,我后面没人。"男孩也转过头来,看见了我。"你看,"根本不管我是否能听到,或者根本没有想到这一点,"我后面站着魔鬼。""他我也看到了,"姑娘说,"可我说的不是他。"

他不要安慰,但并不是因为他不想要(谁又不想要呢),而是因为寻找安慰意味着:为此献出他的一生,始终生活在他的存在的边缘,几乎在这存在之外,几乎不再知道,他在为谁寻找安慰。因此他甚至不可能找到有效的安慰,这儿说的是有效的,而不是真正的,真正的安慰是不存在的。

他抗拒同仁对他的定格。一个人即使是必不可少的,他在另一个人身上看到的也只能是他的视力和注视的方式所能及的那个部分。他也像所有的人那样，但却是强烈得过了分地拥有一种欲望：把自己限制成同仁看他的视力所及的那种样子。假如鲁滨孙，无论是出于自慰还是自卑还是畏惧还是无知还是渴望，从来不曾离开过岛上的最高点或不如说最易被人看见之点，那么他也许很快就完蛋了；由于他不去考虑那些来往船只及其蹩脚的望远镜，而是开始对他的岛屿作全面的探索，并开始喜欢它，他保住了他的生命，而且最终由于理智必然导致的逻辑性而被人找到了。

所有美德都是个人的，所有恶癖都是社会的。被视为社会美德的，比如爱、无私、公正、牺牲精神，只不过是"令人惊讶地"弱化了的社会恶癖。

他对他的同时代人所说的"是"与"否"的区别，对于他本来的说话对象来说相当于死与生的区别，他自己也只是似懂非懂。

后世对个人的判断比同时代人正确的原因存在于死者身上。人们在死后，在孤单一人的时候才得以以自己的方式发挥自己。死亡对于个人来说相当于星期六傍晚对于烟囱清洁工的意义，他们清洗肉体上的油烟，然后便可看出，是同时代人更多地伤害了他还是他更多地伤害了同时代人，如果是后者，那么他就是一个伟大的人。

否定的力量，不断变化、更新、死去活来的人类斗志高潮的这一最为自然的表达，是我们始终拥有的，但否定的勇气我们却没有。而实际上，生活就是否定，也就是说，否定就是肯定。

他并不随着他思想的死去而死去。这种死亡只是内心世界里面的一个现象（内心世界依然存在，即使说它只有一个思想），一个无异于其他自然现象的一个自然现象，既不可喜，也不可悲。

他溯流而上游去的水流是如此湍急，以致精神不太集中地游着的他有时会对这荒凉的寂静（他就在这寂静之中击打着水）感到绝望，因为在失败的一个瞬间他就被推回得非常非常之遥远。

他感到口渴，这时只有一丛灌木把他和泉水隔开。可是他分成了两体，一个他纵览一切，看到他立于此地，而泉水就在一边，第二个他一无所觉，顶多隐隐约约地感觉到，第一个他看见了一切。由于他一无所觉，他也就喝不着水。

他既不勇敢也不轻率，但也不胆小怕事。一种自由的生活不至于使他害怕，现在这样一种生活没有光临，但他并不为此担忧，他为自己根本就无所担忧。可是有一个他根本不知道是谁的某人为他，仅仅为他，怀着很大的、无休止的担忧。这个某人对他的担忧，尤其是这担忧的无休止，在宁静的时刻中有时使他感到难以忍受的头疼。

想要起来时，一种沉重感阻碍着他，这是一种安全感：感觉到一张床为他铺好了，而且只属于他；想要静卧时，一种不安阻碍着他，把他从床上赶起来，这是良心，是不停敲击着的心，是对死亡的恐惧，是反驳他的要求。这一切不让他休息，于是他又起来了。这种起来卧倒和一些于其间所做的偶然的、仓促的、古怪的观察构成了他的生活。

他有两个对手：第一个来自他的发源地，从后面推挤着他。第二个挡着道，不让他向前走。他同时与二者斗争着，其实第一个支持他与第二个的斗争，因为他要把他往前推，而第二个同样支持他与第一个的斗争，因为他把他向后推。但是只是理论上如此。因为并非只有两个对手，而是还有他自己，但又有谁知道他的意图呢？无论如何他有这么一个梦想：有朝一日，在一个无人看守的瞬间，比如一个空前黑暗的夜间，他得以一跃离开战线，由于他的斗争经验而被提拔为判决他那两个还在互相搏斗着的对手的法官。

叶廷芳　黎奇　译

布雷齐亚观飞记

一九〇九年九月九日的"布雷齐亚岗哨"激动地报道说：我们在布雷齐亚还从来没有见过这么多人，连大型汽车竞赛时的情景也不能与之相比，来自威尼斯、利古里亚、匹埃蒙、托斯卡那，直至远自那不勒斯的外乡人，来自法国、英国、美国的来宾们云集在我们的广场上，我们的旅馆里，塞满了一切边角的私人住房。所有价格大大上涨；没有足够的交通工具供观光；飞机场上的餐馆可以为两千人提供出色的服务，在这成千上万人面前却无能为力了，不得不出动军队来维持小吃部的秩序；在那些廉价购物的广场上每天有五万人站着。

当我的两位朋友和我读到这个消息时，我们同时获得了勇气和担忧。勇气，因为在这种挤得要命的地方，民主空气十分浓郁；倘若根本没有位置，也就不必费心去找。担忧、担心意大利对这类活动的组织能力，害怕那些将为我们操劳的委员会；对铁路客运的担心，"布雷齐亚岗哨"对其晚点四小时赞誉之词加以张扬。一切期待都是错误的；一切意大利人的回忆在他们一回到家里时便混淆了，能令人信服。

当我们的列车驶入布雷齐亚火车站的黑色窟窿时，我们听见人声鼎沸，仿佛大地在燃烧，都要始终在一起，我们难道不是怀着某种敌意到达的吗？

我们下了车，上了一辆轮子松动、几乎快要散架的马车；马车夫情绪很好；我们的马车驰过几乎空空荡荡的马路；前往委员会官方向，那里的人们没注意到我们内心的刻毒，仿佛并不存在刻毒似的；我们得悉了我们需要了解的一切，给我们指定的住处，初看上去好像是我们所见过的住处中最肮脏的，但很快就不那么过于厌恶了。这种肮脏已经存在多时，无人再议论；这种肮脏不再改变，它已经安家立业，在一定程度上使人们的生活更坚实、更有人间味道；旅馆老板从这肮脏中每每走上前来，怀着自豪感，对我们毕恭毕敬，老是动着胳膊肘，用双手（每个手指都值得恭维）不断给他脸上盖上新的阴影，一个劲地弯腰鞠躬，这种姿势我们后来比如在飞机场上在加布里埃尔·达农乔①身上又看到过。在这样的情况下，谁还会对这种肮脏耿耿于怀呢？

飞机场在蒙特奇阿利，乘坐驶往曼图阿的当地火车不到一小时便可抵达。这种当地火车在普通的公路上占有两条铁轨，于是它既不高出，也不低于其他交通工具，毫不突出地行驶在那些几乎闭着眼睛在尘土飞扬中骑自行车的人们中间，行驶在来自全省的完全破败不堪的马车中间（这些马车有多少乘客就装多少，竟然还驶得很快，令人难以理解），行驶在往往是巨大的汽车中间（这些汽车好像刚刚放出笼子，看样子马上就要倾覆，在其快速行驶中不断按着的喇叭显得十分幼稚）。

有时乘坐这种可怜的火车到飞机场去的希望完全彻底地消失了，然而周围人们在笑，左边、右边都有人冲着列车里面笑；我被挤到了一个个子高大的人的旁边平台上，而这个人叉开腿站在两节车厢间的缓冲器上，沐浴在微微晃动的车厢顶上落下的煤烟和灰尘之中。列车停了两次，等待逆方向来的列车通过，等得这般耐心，时间这般长，好像在等待一次偶然的机会。一些农民缓缓走过，墙上不时可见上次汽车竞赛留下的热烈的海报。路旁的一切植物统

---

① 加布里埃尔·达农乔（1863—1938），意大利作家、政治家。

统覆盖着一层白色的灰尘染上的油腻腻的色彩。

到了不能再往前开的地方火车最终停了下来。一些汽车同时煞车。透过飞扬的尘土，我们看见不远处飘着许多旗帜。一群牛挡住了我们的路，它们失去了控制，跌跌撞撞地走在山丘状的土地上，闯入了汽车中间。

我们到了，在飞机场前面还有一个大广场，广场上矗立着一些捉摸不透的小木屋，那上面的匾额出人意料的是：车库、国际大型小吃部等等，不计其数的叫花子们在他们的小车子中吃得白白胖胖，一个个向我们伸出手来，挡住去路，人们匆忙中真恨不得从它们上面跳过去。我们超过了许多人，也被许多人超过。我们仰望天空，这才是大家所关心的地方。谢天谢地，还没有一架在飞，我们毫不躲闪，竟也没有被车子碾死。在数以千计的车辆中间和后面，跑动着意大利骑兵的马。秩序和事故看来同样是不可能发生的。

在布雷齐亚的一天夜晚，我们想要尽快地到某条我们认为相当远的马路上去。一个马车夫开口要三个里拉，我们还价两个。这位马车夫表示不愿去，仅仅出于友好，他给我们描述了那条路远得多么可怕。于是我们为我们的还价感到羞愧。好吧，三个里拉。我们上了车，车子拐了三个弯，穿过短短的马路，我们就到了想去的地方，奥托比我们俩强硬，他宣称，他绝不能为一分钟的路程付三个里拉。一个里拉就绰绰有余。也就是一个里拉，时值深夜，小马路空无一人，这马车夫是强壮的。他很快就冲动起来，好像这场争论已经进行了一个小时似的：什么——说我欺骗。——想什么呀，你们！——说好三个里拉，就得付三个里拉，把三个里拉拿来，要不然你们等着瞧吧。奥托："拿出价目表来看看，要不然就叫警察来！"价目表？这里没有价目表。——哪里有这个价目表？——他说，这是为一次夜间行驶约定了的，如果我们给他两个里拉，他就放我们过门。奥托叫得令人胆战心惊："不拿出价目表就叫警察！"又是几声叫嚷和寻找，然后一张价目表被抽了出来，那上面除了污垢外什么也看不清。因此我们达成了一个里拉五十分的协议，然后那马车夫驱车继续驶入这条无法调头的小胡同，他不光是愤怒，而且也悲哀，我有这么一种感觉。因为我们的态度可惜是不正确的；在意大利不能这样，别处也许行得通，这里可不行。但是谁在匆忙中又能考虑到这一点呢！没什么可抱怨的，总不见得人们能在短暂的一个飞行周内就变成意大利人。

可是后悔不该破坏飞机场上的欢乐，否则只会带来新的懊恼。我们与其说是走入飞机场，不如说是跳进去的，我们全身每个肢体都处于亢奋激动状态，这种激动在这里的阳光下有时会一下子抓住我们一个个肢体。

我们从飞机库旁走过，它们都拉上了幕布，立着，如同周游演出的喜剧演员舞台前拉上的幕布。在覆盖着飞机的这些幕布上编写着飞行员们的名字，名字上方是他们家乡的三色旗。我们读到这样一些名字：科比安奇、卡格诺、卢吉尔、库尔提斯、慕契。这是架三叉戟飞机，颜色是意大利的，信任意大利胜于信任我们。安查尼、罗马飞行员俱乐部。布雷里沃特呢？我们问。布雷里沃特是我们一直在想念着的，布雷里沃特在哪里？

卢吉尔在他车库前用篱笆围起来的圈子内跑来跑去，这是个小个子，鼻子十分醒目，穿着衬衫。他忙得要命，不太清楚在忙什么，他甩动着那对强有力地动弹着的双手，边走边摸各种东西，叫他的工人到车库的幕布后面去，又把他们叫回来，自己从其他人中间挤进去。而他的太太站在一边，穿着白色的紧身衣服，一顶小黑帽紧紧嵌入头发中，穿着短裙子的两腿微微岔开，她朝炎热的空间看着，活脱脱是一位商人太太，小脑袋瓜里装满了经商的一切忧虑。

在旁边那个飞机库前面孤单地坐着库尔提斯。透过敞开一条缝的幕布可以看见他的飞机,这架飞机比人们传说的要大。当我们经过时,库尔提斯还将《纽约导报》高举在面前,读着一页上方的一行;半小时后我们再次经过时,他已经读到这一页的中间了,又过了半小时,他结束了这一页,开始读新的一页。他今天显然不想飞行。

我们转过身去,看到的是广阔的原野。这片场子大得惊人,以致场子上的一切都显得孤零零的:我们旁边的目标杆、远处的信号杆,位于右边某处的起飞弹射器,一辆委员会的汽车在原野上画着弧形,在它自己的尘土中停下,继续行驶,一面黄色的小旗帜在风中鼓动。

在一片几乎是热带的国土上,这里形成了一片人造荒原。意大利的达官显贵们、巴黎珠光宝气的女士们和其他所有成千上万的人会聚在这里,眯缝着眼睛一连数小时望着这片阳光照耀的荒原。广场上毫无通常在体育场地上所有的那种可调节趣味的画面。这里没有跑马用的漂亮的障碍物、没有网球场的白线、没有足球场鲜嫩的草地,没有汽车或自行车竞赛者们冷漠机械的盘旋往来。仅仅在下午有两三次一群五彩缤纷的骑手队伍穿过原野。马蹄为飞尘所淹没,均衡的阳光直到下午五点尚未发生变化。原野上既无物可觑,亦无任何音乐,只有群众的口哨声时而在那些索价便宜的场地上响起，以图满足耳朵和耐心的需求。在我们身后的看台上的那些人无疑与空虚的原野毫无区别，水乳交融。

在木栏杆的一边肩并肩站着许多人。"这么小啊！"一伙法国人仿佛叹着气在说：怎么了？我们挤上前去。场子上，离得很近，有一架小飞机立在那里，披着真实的偏黄的色彩，人们在为它的飞行做准备。这回我们也看见布雷里沃特的飞机库了，旁边是他的学生雷布兰茨的飞机库，那是他们自己在原野上搭建起来的。我们马上就认出靠在飞机的一个翅膀上站着的是布雷里沃特，他的脑袋牢牢地坐在脖子里，一动不动地看着他的机械师们的手指，看着他们是怎么摆弄引擎的。

他要用这么个小玩意儿上天？同水打交道的人们譬如说就容易得多。他们可以先在水潭里练，然后到池塘里，然后去河流中，很长时间以后他们才敢于下海；而这里只有一个海。

布雷里沃特已经坐入了他的位置中，手握着某一根操纵杆，但依然听任机械师们摆弄，这些机械师就像是一群过于勤奋的小孩子。他的目光缓缓向我们扫来，从我们这儿移开，又转向了别处，但眼神中充满了自信。他现在要飞翔了,没有比这更自然的事了。自然的感觉与同时存在的、普遍的非同寻常感(他身上不可避免地显示出来)相交织,形成了他这种姿态。

一个工人抓着螺旋桨的一个翼片往上旋拧,他使劲拽着,猛地一下,听上去那声音就像一个壮汉酣睡中的呼吸声,但螺旋桨转不动。又试了一遍,试了十遍,有时套上去螺旋桨就动不了,有时还能转上几圈。问题在引擎上,新的劳作又开始了,观众们比近处的参与者们更感疲乏。引擎各方面抹了油;暗处的螺丝被旋开又拧紧,一个人跑进飞机库去取一个备件;照样不适用;他跑回去,蹲在飞机库旁边地上,两腿夹着那玩意儿,用锤子敲打。布雷里沃特同一个机械师交换了位置,这个机械师又同雷布兰茨交换了位置。一会儿是这个人在拽着螺旋桨,一会儿是那个人。但这个引擎毫不容情,就像一个小学生,人们一直在帮助他,全班人在开导他,可是不行,他就是不会,老是打住,老是在那同一个地方打住,无能为力。有一阵布雷里沃特一声不吭地坐在他的位置上;他的六个助手围绕在他身边,一动不动;他们好像都在做梦。

观众们终于获得一次松口气的机会,目光可以活动活动了。年轻的布雷里沃特太太走了过来,端着一张做母亲的脸,两个孩子跟在她后面。假如她的丈夫不能飞行,她就感到不舒服;假如他能飞了,她又害怕,她美丽的衣服对现在的气温而言未免厚重了一点。

螺旋桨又在拧动了,也许比以前好一点,也许不见得,引擎发出噪声转动了,仿佛换了一个,四个男人在后面扶着这架飞机,在周围风的静止状态中,转动的螺旋桨吹出的风流鼓起了他们的工作服。一句话也听不见,螺旋桨的噪声似乎在颐指气使,八只手释放了这架飞机,这架飞机长时间地在土块上驰去,就像一个笨手笨脚的人跑在镶木地板上。

这样的尝试做了很多遍,但全都不是故意地停了下来。每一次尝试都把观念激动起来,站在桌椅上,人们在那儿伸开胳膊保持平衡,并在那儿表示希望、害怕和欢乐。休息时意大利的王公贵族们却在看台上来回走动。他们互致问候,互相鞠躬,又认出了老朋友,有一些人在拥抱,人们在看台上走上走下,人们指点着莱提佳·萨渥娅·巴波拿公爵夫人、博吉斯公爵夫人,后一个上了年纪的女士,脸色像深黄色葡萄的肯台萨·莫洛希尼,马切罗·博吉斯在对所有女士献殷勤,实际上又未对任何人献殷勤,从远处看他的脸是可以理解的,从近处看他的面颊在嘴角上方异乎寻常地收拢。个子又小、身体又单薄的加布里埃尔·达农乔似乎是含着羞怯地在同委员会最重要的人物之一肯特·奥多弗雷迪跳舞。普契尼强悍的面孔从看台上越过栏杆在瞭望，他的鼻子堪称"酒糟鼻"。

但是只有着意寻找，才会认出这些人来；否则到处看见的一概都是贬了值的穿着现代时装的高个子女士们。她们喜欢走路胜于坐着，衣服穿得不怎么合适。所有的脸都蒙着亚洲式的面纱，以致全都掩盖在淡淡的雾霭之中。上身宽松的衣服使整个形象从后面看有点儿畏缩；一旦这些女士显得畏缩，便给人以一种混杂的、不得安宁的印象。紧身胸衣深藏不露，几乎不可捉摸；腰身显得比通常的宽大，因为一切都是窄小的；对这些女人要花点力气才能拥抱。

至今表演过的只有雷布兰茨的飞机。现在轮到布雷里沃特的飞机了，这架飞机曾飞抵运河；没有人提及此事，但谁都知道。在一个长时间的间歇后，布雷里沃特飞上了天空。可以看到他笔直的上身露出在机翼上方，他的腿伸得很深，成了机器的一部分。太阳已西斜，阳光从看台的华盖底下穿过，照耀着滑动的机翼。所有的人都全神贯注地仰望着它，没有一颗心中还有为别的什么留下的余地。它飞着绕了一小圈，然而几乎垂直地来到我们上方。大家都直着脖子看着飞机晃动,抓在布雷里沃特手中,甚至在上升。事情怎样呢?这里在离地面二十米的空中有个人被关在木架子里,抗拒着自愿承担的、看不见的风险。我们则完全渺小地、无生命力地站在下面看着这个人。

一切进行得很顺利。在此同时,信号灯显示出,风向变得更为有利,而库尔提斯将为获得布雷齐亚的大奖而飞。终于飞了,刚得到消息,库尔提斯的飞机,引擎已经发动了,刚往那儿看,它已经飞离我们,飞越原野。原野在它面前放大。它飞向远处的森林,森林似乎现在才开始耸起。它长时间在森林上飞,它消失了,我们望着的是那片森林,而不是它。从房子后面(天知道在哪里)它重新以原来的高度出现,朝着我们飞来。当它升起时,我们能看到昏暗的机翼下端;当它降低高度时,其上端便在阳光中闪烁,它绕着信号杆飞,冷漠地朝着欢迎的喧闹声,又笔直朝它来的方向飞去,很快就变得又小又寂寞。它这样飞了五圈,在四十九分二十四秒内飞了五十公里,从而赢得了布雷齐亚大奖三万里拉。这是一个完美的成功,但完美的成功不能得到赞赏,完美的成功使每个人最终都认为有能力做到,对于完美的成功来说似乎勇气变得不那么必要了。当库尔提斯在那边森林上飞行时,当他那众所周知的夫人在为他担心时,人们几乎把他给忘了。四处在为卡尔德拉拉不能飞而抱怨(他的飞机碎裂了);都在抱怨卢吉尔已经在他的提琴状飞机上捣腾了两天,还不肯罢手;都在抱怨意大利的可控气球"左迪亚克"至今未来。关于卡尔德拉拉的失事流传着一些光荣的传闻,人们仿佛相信,民族的爱比它那勇敢的第一个飞行员更能有保证地将它托入天空。

库尔提斯的飞行还没结束,仿佛受到了激动的感染,在三个飞机库里引擎发动了,尘土迎着风飞扬,两只眼睛不够用了。人们在座位上旋转"摇晃"随手抓住旁边的人,赶紧道歉,有人摇摇欲坠,拽住了他人,得到感谢。意大利秋天的夜幕渐渐降临,原野上的景物有的已经看不清了。库尔提斯结束了他胜利的飞行,走过观众面前,微笑着摘下帽子,却并不向观众注视;与此同时,布雷里沃特开始进行一次小小的盘旋飞翔,大伙儿早就相信他有这个能力,分不清欢呼声是献给库尔提斯的,是布雷里沃特的,还是给现在驾驶着又大又重的飞机插入了天空的卢吉尔的。卢吉尔坐在他的操纵杆面前就像一个坐在写字台前的先生,身后有一架小梯子供人爬到他旁边。他转着小圈子上升,高出了布雷里沃特,使布雷里沃特成了他的观众,仍在不停地上升。

现在必须离开了，否则就会坐不上车。许多人已经通过我们身边向外挤。人们都知道，这次飞行只是一次试飞；由于时间已近七点，这次飞行将不被正式记录在案。司机们和侍者们，在机场的前半部分站在他们的位置上指点着卢吉尔，飞机场前方有许多散落的马车，马车夫们站在车旁指点着卢吉尔，三列火车已经塞满了人，却因卢吉尔的缘故不开走。我们幸运地找到了一辆车，马车夫蹲在我们前面，这辆车没有马车夫的高座。我们终于重新获得独立的存在，我们的车离开了。马克斯说得很对，类似的活动也可以，并应该在布拉格举行，他认为，不一定非得是竞赛性的，但总也是值得的，但是邀请一个飞行员是轻而易举之事，而且参加者谁都不会为之后悔。事情或许就是这么简单；现在莱特兄弟[①]在柏林飞行。其实只要说服这些人稍稍绕点道就行了，事情或许就这么简单。我们另外两个人听着马克斯这番话，一句话也没回答，首先因为我们累了，再说也没有什么可争辩的。道路在旋转，卢吉尔出现在高空中，他的位置很快将只能根据星星来确定了，星星马上将出现在已经染上了墨色的天空。我们没有停止，转过身

---

① 莱特兄弟（O. Wright, 1871—1948, W.Wright, 1867—1912），他们于1903年12月17日在基提·霍克首次驾驶由引擎做动力的飞机上天。

子去；卢吉尔仍在上升，而我们则终于远远地离开，一头扎入了坎帕纳的①怀抱。

叶廷芳　黎奇　译

---

① 坎帕纳（Campagna），罗马附近的田野地区。

魏玛之行①

——1912 年 6 月 28 日至 7 月 29 日魏玛至容波恩之游

6 月 28 日,星期五

火车由国家车站开出。相处愉快。在索柯伦延长停车时间,脱去外衣,直躺在长椅上。艾尔波菲尔,村落和别墅排列有致,令人赏心悦目,如同海岸风光。德累斯顿,时鲜货比比皆是。营业员衣着整洁,举止端庄,说话心平

---

① 在所有古典作家中,歌德是卡夫卡最崇敬的对象。1912 年夏,他与挚友勃罗德赴德国中部魏玛,怀着朝圣般的心情朝拜歌德工作了半个世纪之久的德国文学圣地。从这篇游记可看出卡夫卡的记事风格。

气和。由混凝土技术建造的建筑物外表坚实，但这种技术在美国给人的印象却不是这样的。易北河河水平静，其漩涡形成了大理石花纹。

莱比锡，同我们的侍者谈话。奥佩尔斯旅馆，半新的火车站，古建筑的美丽残骸，适用的房间。从四点开始被活埋了，因为马克斯为隔断噪音不得不关上了窗门。巨大的噪音，听上去像是一辆车拖着一辆车，连绵不断。柏油路上的马蹄声犹如疾奔的赛马。远去的电车铃声通过其间歇点出街道和广场的所在。晚上在莱比锡。马克斯对地理的直觉，我的迷失道路？然而我认准了王府的一扇美丽的凸肚窗，后来也为导游所证实。一个建筑工地在挑灯夜战，好像是在奥尔巴赫地下酒家①那儿。对莱比锡无法消除的不满。诱人的东方咖啡馆，"鸽棚"、啤酒馆。举止不便的长胡子啤酒馆父亲，他的太太斟酒，两个强健的高个子女儿做招待。桌子都有抽屉，木桶中有隔光栅，打开盖子冒出臭味。一位瘦弱的常客，红通通的瘦削的面颊，起皱的鼻子，同一大群人坐在一起，后来独自留下，那姑娘端着自己的啤酒杯坐到他身边。一幅十二年前死去的常客的画像，他

---

① 位于莱比锡旧博览会楼内的一家著名酒店，是歌德构思《浮士德》期间经常光顾的地方。——原注

光顾这里达十四年之久。他举起杯子,杯子后是一副骨架。莱比锡有许多抱成一团的大学生,许多单片眼镜。

6月29日,星期六

早餐。那个星期六不开汇款收据的先生。散步。马克斯去罗沃尔特①处。图书博物馆。面对这么多书难以自持。出版业所在的这些古老的街道,尽管马路笔直,还有些较新的、毫无雕饰的房子。公众阅览厅。在"玛娜"吃午饭,差劲。威廉酒馆,位于一个院落中的昏暗的酒馆。罗沃尔特,年轻,红脸,鼻子与面颊间静止的汗珠,臂部以上才有动感。巴塞维茨伯爵,《犹达斯》的作者,高个,神经质,干巴巴的脸,腰部的摆动,保养良好的强壮的身体。哈森克莱弗②,小小的脸上有许多暗处和光点,也是偏蓝的颜色。三个人都挥动着手杖和胳膊。酒馆中千篇一律的寻常午餐。大而宽的酒杯,放入柠檬片。品图斯③,《柏林日报》记者,胖胖的,平脸,此后在法兰西咖啡馆修改一篇关于《来自那不勒斯的约翰娜》(昨天晚上首演)的批评文章的打字稿。

---

① 同名出版社的老板,经常出版卡夫卡的作品。
② 德国表现主义重要诗人和剧作家。
③ 德国表现主义作家、理论家。

法兰西咖啡馆。罗沃尔特相当认真地要我搞一本书。出版商亲自承担义务，及这种行为对德国文学的通常平均面的影响。在出版社。

　　火车五点开往魏玛。车厢中有个年龄较大的小姐，肤色黝黑，下巴和面颊有着美丽的圆线条；她的长袜的接缝处是怎样围着她的腿转动，她用报纸遮住脸，我们注视着她的腿。魏玛。她戴上一顶宽大的旧帽子，也在这里下车。后来当我站在集市广场上参观歌德故居时，我又看到过她一次。到开姆尼图斯旅馆得走一段很长的路，几乎失去了勇气。寻找浴室。人们介绍给我们的是三间一套的寓所。马克斯得在一个有老虎窗的洞穴中睡觉。基什山的露天游泳池，天鹅湖。夜里去歌德故居，一眼就认了出来，通体为黄褐色。感觉到我们以前的一切经历都在这一瞬间的印象中流过。无人住的房间窗户里一片黑暗。明亮的朱诺[①]胸像。摸摸外墙。所有房间的白色百叶窗都往下放了一点。十四扇临街的窗户，垂着的链条。没有任何图画能把这全部重现出来。不平整的广场，喷泉，随着广场的坡度上升的房子形成断断续续的建筑线条，昏暗、略呈长方形的窗

[①] 朱诺，古罗马传说中司婚姻、生育的女神。这里指的是陈列在歌德故居里的大理石复制品。

户嵌在黄褐色之中。这是魏玛最令人瞩目的民居。

31日上午，星期天

席勒故居。驼背女人，她迎上前来说了几句话，主要是用一种含有歉意的语调解释那些纪念品放在这里的原因。台阶上的克利奥①塑像是个写日记的女子形象。一八五九年十一月十日一百周年诞辰的纪念像，拓宽了的、修葺一新的房子。意大利风景画，出自贝拉乔奥之手，歌德送的礼物。不再是人的鬓发，又黄又干，有如鬃毛。玛丽亚·巴甫洛夫娜，柔美的脖子，脸上长着又长又大的眼睛。各种各样的席勒头像。设备讲究的作家住处。等候室，接待室，书房，睡觉的卧室。他的女儿尤诺特夫人像他。《根据小经验大规模植树》，父亲的书。

歌德故居。供参观的房间。匆匆看了一眼书房和卧室。看着这些总会让人悲哀地想起死去的先祖们。那个自歌德死后不断扩大的花园，把他的工作室光线遮暗的山毛榉。

当我们还坐在下面的楼梯间时，她和她的小妹妹在我们面前跑过。楼梯间的一只灵猩狗石膏像在我的怀念中和

---

① 克利奥，司撰写历史的缪斯女神。

这种奔跑联系在一起。后来我们在朱诺室[1]里再次见到她，在通向花园的房间中向外看时又看到她。我觉得曾多次听到她的脚步声和说话声。从阳台栏杆中间伸出两枝丁香。走进花园已太迟，看到她已在上面一个阳台上。她后来也下来了，同一个年轻男子一起。走过她身边时，我为她使我们注意到花园表示感谢。但我们并未就此离开。她的母亲来了，花园中出现了交际场面。她站在一丛玫瑰旁。我在马克斯的推动下走了过去，得知了前往提福特郊游一事。我也要去。她同她的父母走了。她提到一家饭店，从那里可以看到歌德故居的门。天鹅饭店。我们坐在常春藤架之间。她走出了房门。我跑过去，向他们全体做自我介绍，获准同他们一起走；然后我又跑回饭店。后来这一家人来了，只有父亲没来。我想同行，不行，她们先去喝咖啡，我跟她父亲随后前去。她说，我得在四点钟进屋。与马克斯分手后，我去接父亲。在大门口同马车夫说了几句话。与父亲一起离开。谈到西里西亚、大公爵、歌德、民族博物馆、拍照和绘画以及这个神经质的时代。出于神经紧张同一个小姑娘玩了会儿球。同男人们一起出发，走在我们前面的是两位太太，在她们前面的是那三位姑娘。一只小狗在我们中

---

① 可能指婚房——歌德夫妇卧室。

间跑来跑去。提福特的宫殿。参观时同那三位姑娘走在一起。许多歌德故居中有的东西这里也有，而且更好些。对维特的各种画像的解释。来自哥希豪森的那位姑娘的房间，砌死了的门，补做的柜台。然后同父母上路。在公园里拍了两次照，一次在一座桥上，看来不成功。归途中终于完全加入了他们的行列，但谈不上有什么深的关系。雨。叙述档案馆中的布莱斯劳狂欢节戏谑。在房子前告别。我在赛芬街的徘徊。马克斯已经睡了。晚上三次不可思议的见面，她同她的女友。我们第十次陪伴她们。每天晚上六点后我都可以到花园里去。现在她必须回家了。接着又见了一次面，在为决斗准备好场地的圆形广场上。她在同一个年轻男子谈话，与其说是亲切的，不如说是敌意的。我们一直把她们送到了歌德广场，她们为什么不待在家中呢？她们应该尽快回家去。她们显然没有回家去过，是被那年轻男子追逐着或是为了与他相遇。她们现在为什么从席勒街跑了出来，奔下几节石阶，跑到旁边的广场上去？在隔着十步的距离同那年轻男子说了几句话后，看来是拒绝了他的陪同，她们为什么掉转头来，又单独跑了回来？是我们打扰了她们吗？我们只不过在她们旁边走过时道了声寻常的问候；后来我们慢慢地往回走；当我们走到歌德广场时，她们又从另一条街向我们迎面跑来,显然非常惊恐,差一点扑到我们怀里。我们出于爱护转过身去。但她们于是又绕道走了。

7月1日,星期一

放射形路口的花园房舍。在房前草丛中画画。背下了休憩椅上写着的诗句。折叠床,睡觉。院子里的鹦鹉喊着"格蕾特"。徒劳地去了一趟艾尔富特大街,她在那里学缝纫。洗澡。

7月2日,星期二

歌德故居,阁楼。在管房人那里看了照片。四周的孩子们。关于拍照的谈话。始终注意寻找同她讲话的机会。她同一个女友走进去学缝纫,我们被留在外面。

下午,李斯特故居。技艺高超。旧钢琴。李斯特从五点工作到八点,然后上教堂,然后睡第二觉,从十一点开始访友。马克斯在游泳,我去取照片,先与她相会,同她一起走到大门口。父亲给我看照片,我拿来照片立架,最后我必须走了。她在她父亲背后毫无意义地、徒劳地向我微笑。可悲。突然想起，把这些照片拿去放大。走进药店为底片的缘故又走回歌德故居。她在窗口看着我，并打开了窗子。——多次遇见格蕾特。在吃草莓时，在正举行一场音乐会的维特花园前。她衣着宽松，身子灵活。那些从"俄罗斯大院"走出的身材魁梧的军官们。各种各样的制服，瘦长的、强壮的都穿着这些深色的服装。——偏僻的街上的殴斗。"你一定是个好家伙！"（Dreckorsch？）人们拥在窗前。走开的一家人，一个醉汉，一个背篓的老妪和两个追随着她的男孩。

我们很快就得离别，这使我喉咙里堵得慌。发现了"梯沃利"①，墙边那些桌子被称为"侧阳台"。那位老蛇女，她丈夫的职业是魔术家。女性的德语大师。

7月3日，星期三

歌德故居。要在花园里摄影留念。看不到她，但我获准过一会儿去接她。她举手投足总是微微颤抖。但只有当有人对她说话时，她才动弹。要拍照了，我们俩坐在长凳上。马克斯告诉那个人怎么拍。她跟我约定第二天幽会一次。

---

① 于罗马东面的意大利城市。有许多罗马建筑遗迹。

奥廷根透过窗子看到我们，不许马克斯和我摄影，当时我们正站在照相机旁，四周无人。我们最终没有拍成！那时那位母亲还是和蔼的。

除了学校组织的和免费的以外，每年参观者达三万人。——游泳。孩子们一本正经地、平心静气地摔跤。

下午去大公爵图书馆。特里波尔胸像。领袖的赞誉。总是一眼就认得出来的大公爵，强健的下巴和粗豪的嘴唇，手插在扣得紧紧的上装中。大卫·丹吉作的歌德的胸像，向后翘起的头发和紧绷的大脸。由歌德促成的将一座宫殿变成一家图书馆的工程。帕索夫的九尊胸像（漂亮的鬈发青年），查哈利亚斯·维尔纳①，瘦削的、打量着人的、向前逼来的脸。格鲁克②，根据在世时的脸浇铸，嘴里那些洞孔是他当时呼吸时用来插管子的。歌德工作室。穿过一扇门，便进入封·施泰因夫人③的花园。由一个囚犯用一棵巨大的橡木做成的楼梯，没有一根钉子。

同木匠的儿子弗利茨·温斯基在公园里散步，他谈吐严肃，边谈边用一根树枝向灌木丛抽打着。他也将成为木匠，四处漫游。现在木匠的漫游已同他父亲的时代不同，火车

---

① 查·维尔纳（1768—1823），德国作家。
② C·W·格鲁克（1714—1787），德国音乐家。
③ 指施泰因男爵夫人（1742—1827），歌德的女友。

宠坏了人们。要想当导游，必须会几种语言，或者在学校里学，或者买这类书。他对这个公园所知道的，既不是从学校学来的，也不是从导游们那儿听来的。令人感兴趣的导游讲解，换一个地方用就不合适了。比如关于罗马公司只能说：这扇门是为供货商开的。

树皮小屋，莎士比亚纪念碑，卡尔广场上我周围的孩子们。关于海军的谈话。孩子们的严肃神情。谈论船的沉没。孩子们的优越性。许诺给买个球。分饼干。花园音乐会演出《卡门》。整个身心都融入了。

7月4日，星期四

歌德故居。一句响亮的"是的"证实了约好的幽会。她站在门内向外看。这是错误的解释，因为我们在一起时她也向外看着。我又问了遍："风雨无阻？"——"是的。"

马克斯到耶拿去拜访迪德利希斯。我去公侯陵①，与军官们一起。歌德的棺木上放着金质的桂冠，是布拉格的德国妇女们于1882年捐献的。在墓地找到了所有的人。歌德

---

① 即歌德、席勒陵墓，因他俩的灵柩与公侯共一墓穴。

家庭的墓。瓦尔特·封·歌德①，1818年4月9日生于魏玛，1885年4月15日卒于莱比锡，"随着他的死歌德家族的血脉断绝了，但歌德的名字将永垂不朽"，卡洛琳娜·法尔克夫人的墓志铭，"当上帝收走了她自己的七个孩子时，她成了不相识的孩子们的一个母亲。上帝将抹去她眼眶边的所有泪珠。"夏洛特·封·施泰因：1742—1827。

游泳。下午没睡觉，眼睛一直盯着外面阴郁的天空。她没来赴约。

只见马克斯和衣而卧。两个人都不愉快。倘能将苦恼从窗口泼出去多好。

晚上希勒同他的母亲在一起。——我离开桌边跑过去，以为可以去见她。错了。然后大家走到歌德故居前，问候了她。

7月5日，星期五

徒劳的歌德故居之行。——歌德、席勒档案馆。棱茨②的信。1830年8月28日，法兰克福市民致歌德的信。

---

① 系歌德孙子。
② 棱茨（1751—1792），德国诗人。

"昔日的麦恩城一些市民长期以来已习惯于举起酒杯欢迎八月二十八日，他们若能有幸在这座自由城的市区亲自欢迎那位踪迹罕至的法兰克福人——他是这个日子带来的①，他们将赞美上天的恩泽。"

然而年复一年，希望、期待和心愿始终未能实现，于是端着闪光的酒杯，他们的手越过森林和原野、边界和关口，伸向幸福的茵梦城，请求他们尊敬的同乡惠予他们在精神上与他们干杯，允许他们歌唱：

  如果你愿意宽恕
  你忠诚的追随者，
  我们将永不停息
  追求你的指示，
  把一知半解远远抛开
  而在完、美、善之中
  坚决生活下去。

1757，"高贵的祖母！……"

耶路撒冷致凯斯特纳："我能否为了一次即将进行的旅

---

① 歌德于1749年8月28日生于美因河畔的法兰克福。

行向阁下您请求获得您的手枪①?"迷娘歌②,没费一事。

取来了照片。送去了。毫无意义地闲立着。六张照片中只给了三张。而且给的是其中较差的,意在希望那位管理人给重拍一下,以证实自己并不差,可是毫无这种可能的迹象。

游泳。直接从那里前往艾尔富特大街。马克斯去进午餐。她同两个女友一道来。我把她叫到一边。原来,昨天她有事提前十分钟离开了,直到现在她才从她的女友们口中得知我昨天曾等候她。她对舞蹈课也很恼火。她肯定不爱我,但有几分尊重。我给了她一盒巧克力,盒子饰有一颗小小的心并扎了一根彩带,然后陪她走了一段。她说了几句明天十一点在歌德故居前约会。这只是一个借口,她必须做饭,还有:偏偏在歌德故居前面!但我还是接受了。可悲的接受。回到旅馆中,马克斯躺在床上,我在他身边坐了一会儿。

下午前往观景宫。希勒和母亲。车子一直在一条林荫道上行驶,真美。宫殿布局之整齐令人吃惊,它由一个主体和四个位于两侧的小房子构成,一切都是低矮的,色彩

---

① "手枪",德文 die Pistole(n),是流行于十六、十七世纪的一种金币名。
② 迷娘歌,歌德长篇小说《威廉·麦斯特的学习时代》中少女迷娘唱的歌谣。

柔和，中间是个水柱不高的喷泉，向前方可眺望魏玛。大公爵已有几年没到这里来了。他是个猎人而这里无猎可狩。平静、殷勤的仆役，胡子刮得干干净净，脸四四方方，透出的悲哀也许如同在别人统治下活动的所有民众一样。这是牲口的悲哀。玛丽亚·巴甫洛夫娜，卡尔·奥古斯特大公爵的儿媳妇，玛丽亚·费多洛娃和被绞死的皇帝保罗的女儿。许多俄罗斯特点。景泰蓝，铜制的容器上镶上金属线条，在线条之间上了陶瓷釉彩。那些有着穹顶的卧室，那些尚可住人的房间里的照片带来唯一的现代气息。不加观察便可分门别类！歌德的房间，位于下面一个角上。奥塞尔的几幅屋顶画，经重绘已面目全非。许多中国货。"昏暗的侍女房"。有两排观众席的露天剧院。以靠背连接的长凳构成的马车，座位挨着座位，专供女士们乘坐，而骑士们在一旁驱马随行。在那辆沉重的车上，玛丽亚·巴甫洛夫娜和她的丈夫在三匹马的拖拽下，二十六天完成了从彼得堡到魏玛的结婚旅行。露天剧场和大花园是由歌德设计的。

晚上去保尔·恩斯特家①。在街上向两位姑娘询问作家保尔·恩斯特的住处。她们先是思索着看着我们，然后一

---

① 保尔·恩斯特（1866—1933），德国新古典主义作家。

个捅了捅另一个,仿佛想要记起一个一时想不起来的名字。您说的是维尔登布鲁赫[1]?那另一个问我们。——保尔·恩斯特,嘴上留着小胡子,下巴留着山羊胡子,总是待在椅子里或者跪着,即使在激动时(由他的批评者引起的)也不拔腿就走。住在荷恩。一座别墅,似乎全部被他家里人住满了。一盘子香味扑鼻的鱼被人从楼梯下端了上来,在我们的注视下又送回厨房中去了。——艾克斯培狄士斯·施密特神父走了进来,我在旅馆楼上已经见过他一次。在档案馆里为搞一本奥托·路德维希[2]的书而工作。想带水烟袋进档案馆。骂一家报纸为"虔诚的毒蛤蟆",因为它攻击了由他编写的《圣贤传奇》一书。

7月6日,星期六

——去约翰尼斯·施拉夫家[3]。年老的、与他很像的姐姐接待了我们。他不在家。我们晚上将再来拜访。

同格蕾特散了一小时步。看来她似乎是得到母亲的许

---

[1] 恩斯特·封·维尔登布鲁赫(1845—1909),德国作家。
[2] 奥托·路德维希(1813—1865),德国作家。
[3] 约翰尼斯·施拉夫(1862—1941),德国作家,德国自然主义创始人之一。

可的，她走到街上还透过窗户同母亲讲话。罗莎·克莱德，我的心肝。晚上盛大舞会的喧哗。同她之间似无任何关系。断断续续的、不断从头开始的交谈。一会儿走得特别快，一会儿又走得特别慢。千方百计地绝对避免让这一点表现出来：我们之间没有一丝一毫的联系。是什么力量推动我们一起穿过公园的，仅仅是我的自尊心吗？

傍晚到施拉夫家。在这之前去找了格蕾特。她站在虚掩的厨房门前。穿着一身在很久以前备受推崇的舞会礼服，一点都不如她平时穿的服装好看，眼睛哭肿了，显然是由于她的主要舞伴之故，他本来就给她带来了许多烦恼。我向她作了永久性的告别。她并不知道我要走，但即使知道，她也不会在乎的。一个送来玫瑰的女人还打扰了这番简短的告别。街道上到处都是来上舞蹈课的男男女女们。施拉夫。并不像同他闹翻了的恩斯特向我们灌输的那样，是住在一个阁楼间里。谈笑风生的人，一件扣得严严实实的上装紧绷着强壮的上身，只有两眼神经质地、病态地抖动着。主要谈的是天文学和他的地球中心说体系。其他一切：文学、评论、美术全都附属于这种体系，因为它对之锲而不舍。到圣诞节时一切将见分晓。他对未来的胜利毫不怀疑。马克斯说，他面对天文学家的处境同歌德面对光学家的处境相似。"相似，"他回答道，手始终紧握着放在桌上，"但要有利得多，因为我拥有无可争辩的事实。"他的小望远镜是用四百马克买来的。他根本不需要用它来发现天体，也不需要数学。他是个十足的幸运儿。他的工作领域宽广无边，因为它的发现有朝一日会得到承认，会在所有领域中（宗教、伦理、美学等等）产生巨大影响，进行这种伟大的搜索理所当然地是他的天职。当我们到达他家时，他正在把他五十寿辰之际发表的评论文章剪贴在一本大书中。"他们对待这类事情是温和的。"在此之前同保尔·恩斯特在魏比希特散步。他对我们时代，即霍普特曼、瓦瑟尔曼、托马斯·曼①的时代表示蔑视。也不管我们的看法如何，他在一个老半天才能让人领会的短小从句中称霍普特曼为涂鸦者。再就是关于犹太人、复国主义、种族等等的模糊不清的见解，总的说来只有一点是值得注意的：这是一个竭尽全力充分利用自己的时间的人。——当别人说话时，他隔一会儿就说一句干巴巴的、机械的"是的，是的"。有一次我甚至不再相信他的话了。

---

① 霍普特曼（1862—1946）、瓦瑟尔曼（1873—1934）、托马斯·曼（1875—1955），均为德国作家。

7月8日

我住的房子叫"鲁特",造得相当实用,四扇气窗,四扇大窗,一扇门。相当安静。只有远处有人在踢足球,小鸟唱得十分响亮,几个赤身裸体的人静静地躺在我的门外。除了我以外,大家都没穿游泳裤。美好的自由。在公园、阅览室等处可以观赏漂亮的、胖胖的小脚丫子。

7月9日

在三面敞开的草屋中,美美地睡了一觉。我得以像个房主一样倚在我的门旁。在夜里各种各样的时间中站起来,总是听到老鼠或鸟的折腾声,它们在草屋四周的草丛中发脾气或振翅。那身上斑块犹如豹子的先生。昨天晚上关于服装的报告。中国女人的脚被裹得很小,以便获得一个很大的臀部。

那医生,原先是军官,矫揉造作的、看上去疯疯癫癫的、像哭一样的、粗俗无忌的笑,走起路来风风火火。马茨达兹南的信徒,生就一副严肃的脸,胡子刮得光光的,嘴唇的形状适宜于揿紧。他走出他的门诊室，人们经过他身边走进去。"请往里走！"他在人们后面笑着。他禁止我吃水果，但有一个保留：我不一定听他的。我是个有文化的人，应该听听他的报告，这些报告也印出来了，应该研究一下这事，形成我的见解，然后照此行事。

摘自他昨天的报告："即使如果谁的脚趾全部畸形残废，但只要他拔着其中的一个脚趾，深呼吸，那么他的脚趾就会随着时间的推移而变直。"进行一定的锻炼之后，性器官会生长。根据这些行为准则，"夜间进行风浴十分有益（兴头上来，我就滑下床，走到我草屋外的草坪上），但不要过多地接受月光的沐浴，这是有害的。"我们现在穿的衣服是根本无法洗涤的！

今天早晨：洗脸、按摩、一起做操（我的名字叫穿游泳裤的人），唱几首赞美诗，围成一大圈玩球。双腿细长的两个漂亮的瑞典小伙子。从戈斯拉来的一支军乐队的音乐会。下午把干草翻了个个儿。晚上胃的情况变得很糟，出于烦恼，我一步也不想走动。一个上了年纪的瑞典人在同一些小姑娘玩捉人游戏，完全进入了角色，以致他边跑边叫："等着吧，我会把达达尼亚海峡封锁起来，不让你们通过。"他指的是两丛灌木中的通道。当一个年纪不算太小的不漂亮的保姆走过去时,他叫道:"这里有可以敲几下的东西。"(她的背脊裹在黑底白点的衣服里)始终存在着毫无理由的需求,想一吐衷肠。为此而观察每一个人,看是否有可能为他做此事,看他能否获得一个机会。

7月10日

脚扭伤了,疼。装上了青饲料。下午同一个来自瑙海姆的非常年轻的中学教师去伊尔申堡散步。他明年也许会去维克尔多夫。男女同校,自然疗法,柯恩,弗洛伊德。关于由他带队的姑娘们和男孩子们的郊游的故事。暴雨,大家都淋得湿透,必须就近找个旅馆,在一间房子里把衣服全脱了。

夜里肿起的脚引发的高烧。小兔子跑过去的噪声。当我夜间起来时,看见我门前草坪上坐着这么三只兔子。在梦中,我听到歌德诵咏,极其自由舒展,随意发挥。

7月12日

许博士的叙述,一年都在旅游。接着是长时间在草丛中争论基督教问题。那个年纪大的蓝眼睛的阿道夫·尤斯特，什么病痛都用泥土来治，他提醒我警惕那个禁止我吃水果的医生。"基督教联盟"的一个成员捍卫上帝和圣经的言论；朗读一首《旧约》中的圣诗，以证明他刚刚所讲的内容。我的许博士因他的无神论而丢脸。Illusion[①]、Autosuggestion[②]这些外来语帮不了他的忙。一个不认识的人问道，美国人两句话里总有一句诅咒，为什么他们还活得很好呢？大多数人虽然活跃地参加辩论，其真正的观点却无法确认。一个人迫不及待地谈起花节，而那些"卫理公会教派"的信徒们却缩在后面。那个"基督教教徒"的成员同他美丽的小男孩一起，从一只纸袋里掏出樱桃和干面包作为午餐，要不就是成天躺在草地上，面前打开本《圣经》，做着笔记。他走上正确的道路才三年。来自荷兰的许博士在画他的油画草图。那是 Pontneuf[③]。

装干草。在艾卡尔广场。

两姐妹。矮小的姑娘。一个长着长脸，举止随便，灵巧得可上下翻飞的嘴唇，柔和地耸成尖锥的鼻子，不完全坦率的、清澈的眼睛，脸上焕发着智慧之光，以致我激动

[①] 英文：错觉、幻想。
[②] 英文：自我暗示。
[③] 法文：新桥。巴黎的一座桥。

地看了好几分钟。当我看着她时,我感到好似微风拂面。她的更女性化的妹妹转移了我的目光。——一个初来乍到、严肃刻板的小姐,看上去脸色有些发青。这位金发女郎留着乱蓬蓬的短发,柔软、细长,如一条皮带。裙子、胸衣和衬衣,此外一无所有。她那步子!

晚上同许博士(43岁)在草坪上。散步、伸展、按摩、敲打和抓挠。一丝不挂,不知羞耻。——当我晚上从写字室出来,那股芳香。悲。——我打断了他的所有引证,向他指出那内在的声音。好效果。

7月15日

读了库纳曼的《席勒》。——那位先生老把一张给他太太的明信片放在口袋里以防路遇不幸。——路特卷[①]。——我读席勒。不远处草上躺着一个赤裸裸的老先生,一把雨伞支开在头上。当初穿着白衣服的刻板的小姐现在穿着褐色与蓝色服装,在这些色彩的影响下,她的肤色发生了如此清楚的、死板生硬的变化。

柏拉图的《理想国》。——给许博士树立了样板。——

---

① 《旧约》中的一卷。

福楼拜书中关于卖淫的一页。——裸体对具体人的整体印象产生重要影响。

一个梦:风浴协会用一场斗殴消灭了自己。该协会分出的两派先是互相讥嘲了一番,接着一派中有个人走出来向另外那些人叫道:"路斯特隆和卡斯特隆①!"另一批人:"什么?路斯特隆和卡斯特隆?"前者说:"当然。"于是斗殴开始了。

7月16日

库纳曼。——古依多·封·吉尔豪森先生,退役上尉,曾为《致我的剑》等等作词、谱曲。英俊的男子。出于对他的尊贵的崇敬,我不敢抬头看他,汗水暴流(*我们是赤身裸体的*),话讲得很轻很轻。他的印章戒指。一些瑞典青年的鞠躬。那红发中年人由习惯造成的呼吸粗重的讲话方式。——在公园里穿上了衣服同一个已经穿好了衣服的人谈话。错过了前往哈尔茨堡的集体旅游。——晚上,在施塔佩尔堡举行射击比赛。同许博士和一个柏林的理发师在

---

① 似无意义,但路斯特隆(Lustron)的词头(Lust)意为"纵欲","卡斯特隆"(Kastron)词头 Kast 似与"阉割"(Kastration)有关。

一起。一片宽广的、缓缓朝着施塔佩尔堡的城堡山上升的平地,这儿长着些古老的菩提树,只可惜被一条铁路路基切割得不伦不类。射击小屋,射击手站在屋内向外打枪。老农们在做射击记录。三个吹哨者披着女人的头巾,头巾在他们背后披落。古老的、无从解释的习俗。有些人穿着传统的旧的长罩衣,颜色是普通的蓝色,是最优质的亚麻布做的,值十五马克。几乎人手一杆猎枪,前膛式的。他们给人以这么一种印象,好像他们全都由于做地里的活而累弯了腰,尤其当他们排成两行时,这种印象就更强烈。几个上了年岁的头领头戴高礼帽,腰佩军刀。人们捧来了马尾巴和其他一些古老的象征物,一阵激动,然后是乐队奏乐,人声鼎沸,接着是沉寂和鼓声以及口哨声,人声更加沸腾了,终于在最后一阵鼓声和口哨声中扛来了三面旗帜,达到最终的狂潮热浪。口令和退下。那老头身穿黑色西装,头戴黑帽子,有点萎靡不振的脸,不太长的胡子长满脸的周围,浓密,柔滑,白得无以复加。上一届射击冠军也戴着高礼帽,腰系一条像看门人的打扮那样的宽腰带,但完全是用小金属片缝制而成的,一块块金属片上都刻着每一年的射击冠军的名字和相应的手工艺标记(比如射击冠军是面包师,那上面就刻上千块面包等等)。开幕式的队列在音乐声中退下，尘土飞扬，从阴云密布的空中射下的光线瞬息万变。一个与其他人一同行进的士兵长着娃娃脸（一个正好在服役的射手），走路一跳一跳的。人民的军队和农民的战争。我们跟着他们穿街走巷。他们一会儿近，一会儿远，因为他们要在各位射击师傅面前停下，表演一番，并受到一些招待。队列的尾部弥漫着均匀的尘埃。最后那一对是看得最清楚的。有时我们完全看不见他们了。那高个子农民胸脯略有些凹陷，面部表情僵硬，一动不动，穿着翻口靴子，衣服像是皮质的，他费了多大的劲才离开门柱。三个女人一个挨一个排列着站在他面前，中间那个肤色深，很美，另外两个女人站在对面的农院门口。两棵巨大的树长在两家院落里，在宽阔的街道上方连成了一片。以前那些射击冠军的住房墙上挂着硕大的射击靶子。

舞场地板被一隔为二，从中间隔断，在那两排座位的隔屋中是乐队。暂时还是空空荡荡的，小姑娘们在光滑的地板上滑来滑去（休息的、聊天的演员们干扰着我；使我难以写下去）。我把我的"布劳什"①递给她们，她们喝了起来，年龄最大的那位第一个喝。缺少一种真正能交流的语言。我问她们是否已进过晚餐，她们完全没听懂；许博士问她

---

① 一种德国啤酒。

们是否已吃过晚饭,她们有点明白了(他说得不清楚,穿插了过多的呼吸);直到那理发师问她们是否喂饱了,她们才知道该怎么回答。我为她们要的第二杯布劳什她们不想喝了,但去坐旋转木马她们倒乐意。我同围绕着我的六位姑娘(从六岁到十三岁)飞奔到旋转木马那儿去。途中那个建议去坐木马的姑娘炫耀地说,那旋转木马属于她的父母所有。我们坐在一辆马车上旋转。这些女友们环绕着我,有一个坐在我的膝盖上。还有些小姑娘跟着涌来,想要共享我的钱囊,但我身边的姑娘们违背我的意愿,把她们推开了。木马主人的女儿监督着付款,不让我为陌生人掏钱。假如她们有兴趣,我乐意再转一次,但那木马主的女儿自己却说够了,然而她要到甜食帐篷去。我在自己的愚蠢和好奇心激励下,带她们到抽彩转盘那儿去。她们尽可能客气地使用我的钱,然后再去吃甜食。这是一个供应丰富的帐篷,商品陈列得干净而整齐,和在城市里的大街上一样,那里都是些便宜的货物,就像我们的市场中那样。随后我们回到舞场。同小姑娘们在一起的经历使我产生的感觉比我的赐予更为强烈。这回她们又开始喝布劳什了,并实实在在地感谢了我一番,年纪最大的那个代表大家向我致谢,接着每个人都分别表示谢意。舞会开始时我们不得不离开了,时间已是九点三刻。

口若悬河的理发师,三十岁,长着尖角胡子,还有拔留的上须,很会对姑娘们献殷勤,但是爱他的老婆。他老婆在家经营业务,不能出门旅行,因为她很胖,受不了坐车的颠簸。即便是到利克斯村,她中途也要两次下电车步行,恢复一下。她不需要休假,只要有时候让她睡得长一点,她就满足了。他忠实于她,从她那儿能得到他所需要的一切。一个理发师面临着种种诱惑,那饭店老板的年轻老婆,那个买什么东西都必须多花钱的瑞典女人。他从一个波希米亚犹太人那儿买头发,那人叫普德伯特尔。曾有个社会民主党的代表团找到他,要求他发行《前进报》。他说:"如果你们提出这样的要求,那么告诉你们,我跟你们不相干。"但最后还是让步了。当他是"年轻人"时(作为助手),曾在戈尔利茨。他加入了地滚球协会,一星期前还去布朗施威格参加了盛大的地滚球日。比赛。德国共有近二万有组织的地滚球手。在四条光辉的地滚球滚道上,三天之内每天掷球直至深夜。但是无法说谁是德国最佳地滚球手。

当我晚上回到我的草屋时,火柴找不到了。我从毗邻的草屋借来火柴,划燃了照亮桌下,看它是否掉下去了,那里没有,但水杯却在那儿。渐渐发现,凉鞋在墙边的镜子后面,火柴在一个窗台上、小镜子挂在一个凸出的墙角上,痰盂在橱顶上,《情感教育》[①]在枕头里,一个衣架在床单下,我的旅行墨水瓶和一条弄湿了的抹布在被窝里,等等。这一切都是对我没去哈尔茨堡的惩罚。

7月19日,下雨天

躺在床上,雨点在草屋顶上响亮密集的敲击犹如打在自己胸口上。突出的屋檐上的水珠仿佛沿街边点燃的一串灯光,然后落了下来。一位白发老人突然像头野兽般冲到草地上,在大雨中沐起浴来。夜里雨点敲打着,好像坐在一个小提琴共鸣箱里。早晨跑步,脚下是湿软的泥土。

7月20日

上午同许博士在林中。红色的土地和由它散发开来的亮光。树干腾空而上。山毛榉摇曳着有着宽阔平整叶子的树枝。

下午从施塔佩尔堡来了一支化装游行队伍,有巨人和

---

① 福楼拜的长篇小说,是卡夫卡所喜爱的读物之一。

装扮成熊的手舞足蹈的人,他摇摆着大腿和背脊。乐队后面队伍穿过花园。观众挤过灌木丛,奔向草坪。小个子汉斯·艾培,他是如何发现她的。瓦尔特·艾培在信箱上。全身用窗纱遮住的、装扮成女子的男人们,他们同那位在厨房当女佣的姑娘跳舞,而姑娘投身于似乎并不认识的乔装者的怀抱,这是有伤风化的一幕。

上午许博士朗读了《情感教育》第一章。下午同他散步。关于他的女友的叙述。他是摩根斯特恩、巴鲁谢克、布兰登堡、波彭贝格的朋友。他晚上和衣睡在床上发出可怕的恸哭。第一次同波琳洛小姐谈话,但她已经知道我的值得知道的一切。布拉格她是从《从施蒂利克①来的十二个人》中认识的。淡金色头发,二十二岁,看上去像十七岁,老是担心着她那听力不佳的母亲;已订婚,爱卖弄风情。

中午那位像皮带般的瑞典寡妇W.夫人离开这里。她通常的服装外面仅套上了一件小夹克衫,戴一顶灰色的、有小面纱的小帽。在小帽的勾勒下,她棕色的脸显得非常柔和,产生正常脸的印象的关键因素无非是距离和装束。她的行李是一个小背包,看来里面除了睡衣外没有多少别的东西。她就这样不停地旅游,从埃及来,到慕尼黑去。

---

① 施蒂利克(亦可译为施泰尔玛克),奥地利的一个州。

今天下午当我躺在床上时,这里的人弄得我激动起来,其中有些人使我产生了兴趣。——从吉尔豪森来的先生唱的一首歌里这么说:"知道吗,小妈妈,你有多可爱。"

晚上在施塔佩尔堡跳舞。射击节持续了四天,工作几乎都停顿了。我们看到了新的射击王,在他的背上写着十九世纪初以来历届射击王的名字。两个舞场都挤满了人。场子四周一对对舞伴排队站立着,每一对隔一刻钟才能进场跳个短舞。大多数人不说话,不是由于尴尬或什么特殊原因,而只是不说话罢了。一个醉汉站在边上,他认识所有姑娘,不是抓住她们就是至少伸出胳膊想要拥抱她们。被他触及的舞者们都不动声色。噪音够强烈的了,来自音乐和下面坐在桌旁的人们和酒台旁站着的人们的叫喊声。好一阵子我们一无所获地走来走去(*我和许博士*)。还是我同一位姑娘搭了话,在外面时她已经引起了我的注意,那时她正同两个女伴吃着哈尔伯城的芥末肠子。她穿着一件白色胸衣,绣过的垫领朝着肩膀和胳膊披落。她可爱地、忧郁地低垂着脸,上身微微下压,而胸衣则隆了起来。在这种倾斜的姿势中,那小翘鼻子更增添了她的忧郁感。整个脸蛋上布满了不规则的红棕色。我同她搭话时,她正从舞场旁的两级台阶上走下来。我们胸对胸地站着,她又折回了舞场。我们跳了起来。她叫奥古斯特·A，来自沃尔芬比特尔，在阿彭罗达一个叫克劳德的人开的饭店里干了一年半活。我有个怪毛病：人名说几遍也听不明白，当然也就记不住。她是个孤儿，十月一日将进一座修道院。她还没有把这事告诉她的女友们。她本打算四月份就去，但她的雇主不让她去。她进修道院是由于她恶劣的经历，但她不愿具体谈。我们在舞厅外的月光下走来走去，我刚结识的那伙小女友跟着我和我的"新娘"。尽管郁郁伤怀，但她还是很愿意跳舞，当我后来让她同许博士跳时，这一点便表现得特别明显。她是在田地上劳动的，十点钟她必须回家去。

7月22日

G. 小姐，教师，有着猫头鹰般的年轻的、生气勃勃的脸，充满了活泼、紧张的表情，体态相对要随便些。艾培先生，来自布朗施威格的私人学校负责人。这是个比我强的人，说话注意节制，必要时会火一般热烈，是一种深思熟虑的、带音乐性的、从内在到表面都晃荡不定的说话方式。柔和的脸庞，柔和的、但布满两鬓与下巴的胡子，矜持的步履。他第一次与我同桌,我坐在他斜对面。一群静静地咀嚼着的人。他不时与别人搭讪几句,如果对方报之以沉默,那么这里也就沉默了。如果别处有谁说上一句话,他便静静听着,但不花多大力气,而是自言自语,就好像人家是对他讲的,而且也在听他讲似的,边说边看着他正在剥着皮的番茄。所有人的注意力都被吸引了过来,只有那些感到受了侮辱并对此置之不理的人,比如我。他不嘲笑任何人,而是用几句话垫着每个人的见解摇晃。假如没人应他,他就一边夹核桃或动手处理什么生吃必须处理的东西,一边轻声哼唱起来(桌上杯盘狼藉,无论什么乱七八糟的东西堆在盘子里,只要往里一推就不知是谁的了)。他能让所有的人关心他的事情,比如他声称必须把所有菜名记下来,并把记录寄给他的太太。在他使我们对他的太太着迷了几天之后,他又会想出关于她的新的故事来。他说,她患有忧郁症,必须到高斯拉尔的一家疗养院去,但接收她的先决条件是:她必须保证在那里待八个星期,并且要带个女护理去,等等。据他计算(他坐在饭桌旁时也算给我们听),整个费用将超过一千八百马克。但他说这番话时一点不给人感到有引起别人同情的意图。但这么多的花费总得考虑吧,于是所有的人都考虑起来了。几天后我们听他说,他太太要到这里来了,也许这个疗养院对她来说就足够好了。吃饭时他得到消息,太太带着两个男孩刚刚抵达,并正在等他。他感到高兴,但还是从容不迫地把饭吃完,尽管这种进餐本来无所谓始终,因为所有食物都同时放好在桌上了。那位太太年轻、肥胖,只有服装式样表明她有腰部,长着聪明的蓝眼睛,留着高耸的金发,对烹调、市场情况等了如指掌。吃早饭时(他家里人还未来就座),他一面夹核桃,一面对 G. 小姐和我说:他的太太有忧郁症,肾受了损伤,她的消化功能很差,又有广场恐惧症,夜里快五点了才能睡着,那么当她早晨八点被叫醒时,"当然她就气得发疯""像狐狸一样发狂"。她的心脏一塌糊涂,她患着严重的哮喘病。她的父亲死在精神病院里。

叶廷芳　黎奇　译

附录

卡夫卡生平及创作大事年表

1883 年

7月3日,生于布拉格——当时的奥匈帝国领地波希米亚王国首都。父母均为犹太血统,经营妇女用品批发商店。三个妹妹分别叫艾莉(1889年生)、瓦莉(1890年生)和奥特拉(1892年生)。三姐妹后来均死于法西斯集中营。卡夫卡最喜爱他的三妹。

1889—1893 年

读小学。成绩很好,亦肯听话。

1893—1901 年

就读于公立德语高级文科中学。末期开始接触斯宾诺莎、达尔文、尼采、赫贝尔（十九世纪德国戏剧家）等人著作。爱好文学，与鲁道夫·伊洛丰、奥斯卡·波拉克结交（后者后来成为美术史家，于一战中死于战场）。

1901—1906 年

就读于布拉格德语大学，头两学期学习日耳曼语文学，后转学法律。

1902 年暑期去里波赫和特里施，在舅舅、乡厂村医生西格弗里德家度假。开始结识终生挚友马克斯·勃罗德。阅读德国哲学家、心理学家弗兰茨·布伦塔诺的著作，参加"卢浮尔社"活动。

1903 年

热心于写作，写诗和小说，寄给波拉克，但均未留下。7 月，通过法制史的国家考试。

1904 年

与波拉克友谊结束，而与勃罗德关系日益密切。爱读歌德、福楼拜、陀思妥耶夫斯基的作品。写作上受霍夫曼斯塔尔启发。

1904—1905 年，写成第一批作品，题为《一场斗争的描述》。定期与奥斯卡·鲍姆、马克斯·勃罗德和费利克斯·维尔奇聚会。

1905—1906 年

在楚克曼特尔过暑假。

1906 年

获"法学博士"学位。

自 10 月起，在布拉格法院"法律实习"一年。写出后来收入《观察》的短篇故事《决绝》等。

1907 年

由舅舅推荐进通用保险公司临时供职。写出《乡村婚事》（一译《乡村婚礼筹备》）以及后来《观察》中的某些篇目。家址由采特纳尔街迁至尼克拉斯大街。

1908 年

7 月起，进劳工工伤事故保险公司就职（直到 1922 年 7 月因病被迫提前退休）。先后在双月杂志《徐培里昂》上发表后来收入《观察》的八篇作品。

1909 年

与马克斯和奥托·勃罗德赴里瓦（意大利一小名城）度假。在布雷齐亚观赏飞机试飞，并写成一篇散文《布雷齐亚观飞记》，9月底，在《波希米亚》上发表。

1910 年

又在《波希米亚》杂志发表五个短篇小说。

5月起，开始记日记，一直坚持到1923年。开始与犹太依地语剧团来往。参加"凡塔社"。

1911 年

出差波希米亚的弗里德兰等州和爱兴贝格。

8月，与M·勃罗德赴上意大利湖滨度假，并游览巴黎、苏黎世等地。

10月，犹太伊地语剧团再次演出于布拉格，与该团演员依恰克·略韦结为友好，不顾父亲反对，屡屡迎至家中款待。又写出后来收入《观察》的几篇作品。

1912年

年初写《失踪者》(又名《美国》)头几章初稿。

7月,与勃罗德一起去德国历史文化名城、歌德与席勒故地魏玛旅游,而后去哈尔茨山的天然疗养胜地容波恩。

8月,辑成第一部短篇小说集《观察》(于12月出版)。同月13日,在勃罗德家中认识菲莉斯·鲍威尔小姐。同月20日,给她写了第一封情书。两天后一个通宵写出了第一个短篇名作《判决》,作为给菲莉斯的献礼。

从9月至翌年1月,完成了《失踪者》头七章。

10月起,开始与菲莉斯频繁书信来往。

11月中旬至12月上旬,写出又一名篇《变形记》。

12月,首次参加了在布拉格举行的公开朗诵会,朗诵了自己的新作《判决》。

1913年

复活节期间去柏林与菲莉斯会面。

4月,去特洛亚做园艺工作。

5月,第二次去柏林;出版《司炉》(《失踪者》第一章);在勃罗德编辑的《阿卡迪亚》年鉴上发表《判决》。

6月,向菲莉斯求婚。

9月,去维也纳、威尼斯、里瓦。写《瑞士女人》。

1914年

复活节去柏林。

6月1日,在柏林与菲莉斯订婚。

7月21日,解除婚约;去波罗的海旅游。同月28日,第一次世界大战爆发。

8月初,动笔写《诉讼》(一译《审判》);在比莱克街为自己租了一个房间。

10月,写出短篇小说《在流刑营》(一译《在流放地》),写出《失踪者》的最后一章《俄克拉荷马的露天剧场》。年底完成《乡村教师》(又名《巨鼹》)、《一个梦》等短篇作品。与格蕾特·布洛赫女士相识。

1915年

1月,与菲莉斯再度见面。

2月起,写作《一个上了年纪的单身汉》。

3月,移居长街。赴匈牙利旅行。

10月,获冯塔纳奖(由卡尔·施泰恩海姆授予);在德国表现主义月刊《白纸页》上刊出《变形记》，并于次年由莱比锡的库尔特·沃尔夫出版社出版单行本。

1916 年

为头痛和失眠所苦。

5 月，份获得三个星期疗养假，与菲莉斯一同去波希米亚疗养胜地玛丽巴德度假。

9 月底，《判决》由库尔特·沃尔夫出版社出版单行本。

11 月，第二次参加在德国慕尼黑举行的公开朗诵会，朗诵《在流刑营》。11 月底，移居阿尔希密斯腾街。致力于写《乡村医生》以及后来收入同名集子中的某些篇章，如《在马戏场顶层楼座》《在矿井的一次观察》《邻村》《十一个儿子》《兄弟谋杀》等。

1917 年

除写出《乡村医生》集中的另一些短篇如《新来的律师》《家父的忧虑》《豺与阿拉伯人》《一份为某科学院写的报告》等外，还写了《猎人格拉胡斯》《中国长城建造时》《桥》《邻居》《敲门》等。从这年初至下一年上半年，写了八本所谓"八开本笔记簿"，其中包括大量的短小的小说、随笔、杂感、格言等。此外，3 月份搬至勋波恩宫居住。

7 月，与菲莉斯第二次订婚。

9 月，确诊为肺结核；迁居屈劳与三妹奥特拉在一起。

12 月，又与菲莉斯解除婚约。

1918 年

在屈劳。夏天回布拉格。去鲁姆堡。

9 月，去图尔垴。

10 月底，捷克共和国独立。

11 月初，第一次世界大战结束。本月起因重感冒难愈，去雪莱森疗养，在那里认识了尤利叶·沃里切克。

1919 年

继续在雪莱森。春天起重回布拉格。

5 月，《在流刑营》出版。夏天与尤丽叶订婚。

9 月，《乡村医生》与《在流刑营》一样亦由库尔特·沃尔夫出版社出版。

11 月，与尤利叶结婚的打算遭父亲反对；又去雪莱森。撰写《致父亲》的信。结识闵策·F。

1920 年

写箴言式的内心独白《他》。结识后来成为《卡夫卡谈话录》作者的古斯塔夫·雅诺施。

自 4 月起，去梅兰疗养。开始与他的作品（《司炉》）的捷克文译者密伦娜·耶申斯卡通信，很快进入热恋。

6 月 29 日，从梅兰回布拉格途经维也纳，与密伦娜共度四日。随后与尤利叶·沃里切克解除婚约。《乡村医生》出版。夏、秋在布拉格。写出多篇短小作品，如《城徽》《海神波塞冬》《集体》《夜》《拒绝》《关于法律问题》《考验》《征兵》《秃鹰》《舵手》《小寓言》《陀螺》《回家》等，生前均未发表。

12 月起，在玛特里亚莱（塔特拉）写信与密伦娜分手。与医学院学生、犹太人罗伯特·克洛普施托克结识，后成为好友。

1921 年

在玛特里亚莱。秋天又回布拉格。写出诸如《出发》《辩护人》《最初的烦恼》等短篇作品。

1922 年

2 月，在施宾德勒缪勒疗养。接着回布拉格。

1月至9月,写《城堡》,其间春天写出《饥饿艺术家》。夏天写出《一条狗的研究》。

6月底至9月中旬,住在普拉纳三妹家(在波希米亚森林附近)。

7月1日,退休。

12月,写出《夫妻》《算了吧》《论譬喻》等短小作品。

1923年

在布拉格。

6月,赴位于波罗的海海滨的缪里茨疗养。

7月,与多拉·迪曼特小姐结识。接着去雪莱森三妹家。

9月,由布拉格赴柏林,与多拉生活在一起。

10月,写成《小女人》。冬季写作《地洞》。

1924年

健康状况恶化。

3月,回布拉格。写出最后一篇短篇小说《女歌手约瑟芬或耗子民族》。

4月初,在维也纳大学附属医院诊断为喉结核。随后由多拉和克洛普施托克陪同住进维也纳市郊的基尔林疗养院。

5月,写信给多拉父亲,要求娶其女儿为妻,遭拒绝。在病榻上逐字逐句校完短篇集《饥饿艺术家》的清样,泪流满面。

6月3日,心脏停止跳动。6月11日,安葬于布拉格犹太人公墓。不久,最后一个短篇集《饥饿艺术家》出版。

1925年

长篇小说《诉讼》(一译《审判》)出版。

1926年

长篇小说《城堡》出版。

1927年

长篇小说《美国》(今译《失踪者》)出版。

(以上三部长篇小说均由马克斯·勃罗德一一整理出版)

1931年

由马克斯·勃罗德整理编纂的遗稿集《中国长城建造时》出版。

1934 年

由马克斯·勃罗德整理编纂的遗稿集《在法的门前》出版。

1935—1937 年

马克斯·勃罗德第一次编纂的《卡夫卡全集》六卷本出版。

1950—1958 年

马克斯·勃罗德第二次编纂的《卡夫卡全集》九卷本出版。

叶廷芳　编译